I1035347

SCHLOSS HERRENHAUSEN

SCHLOSS HERRENHAUSEN

ARCHITEKTUR | GARTEN | GEISTESGESCHICHTE
ARCHITECTURE | GARDENS | INTELLECTUAL HISTORY

HIRMER

Inhalt

Contents

Schloss Herrenhausen – die historische Sommerresidenz der Welfen

Bernd Adam

In der Leineaue, knapp drei Kilometer vor der Altstadt Hannovers und mit dieser über eine weite Strecke durch eine imposante barocke Lindenallee verbunden, liegt das weitläufige Schloss- und Gartengebiet von Herrenhausen. Seit der Mitte des 17. Jahrhunderts schufen sich hier die aus dem mächtigen Adelsgeschlecht der Welfen stammenden Herzöge von Braunschweig-Lüneburg eine prachtvolle Sommerresidenz, die bis heute Form und Funktion einer solchen Anlage ungewöhnlich anschaulich vor Augen führt. Umso mehr gilt dies, als der Gesamtkomplex nun durch den 2013 vollendeten Wiederaufbau der im Zweiten Weltkrieg zerstörten Schlossanlage seine ursprüngliche Geschlossenheit zurückgewonnen hat.

Ein erstes Lusthaus für den fürstlichen Hof

Das Entstehen des Herrenhäuser Lusthauses und seiner Gartenanlagen ist eng verbunden mit dem Aufstieg Hannovers zur Residenzstadt. Als Herzog Georg zu Braunschweig-Lüneburg (1586–1641) mitten im Dreißigjährigen Krieg 1636 die Regierung im Fürstentum Calenberg-Göttingen übernahm, musste er für sich und seinen Hof eine neue Residenz gründen, da Calenberg seit 1584 von Wolfenbüttel aus regiert worden war. Seine Wahl fiel auf Hannover, die größte und am besten befestigte Stadt seines Herrschaftsgebietes.

Bereits ein Jahr nach Regierungsantritt begann der Ausbau des ehemaligen hannoverschen Franziskanerklosters zum Stadtschloss, dem sogenannten Leineschloss, doch sollte der Einzug des Hofes in die neue Residenz erst 1642 unter der Regierung von Herzog Georgs ältestem Sohn Christian Ludwig (1622–1665) erfolgen. Zur Lebensmittelversorgung des fürstlichen Hofes legte man in dem nordwestlich der Stadt gelegenen Dorf Höringhusen ab 1638 einen Vorwerkshof an, aus dem sich später schrittweise die Sommerresidenz der hannoverschen Herzöge bildete.

Die treibende Kraft für den Ausbau des Wirtschaftshofes zum Lustschloss war Johann Friedrich (1625–1679), der seit 1665 regierende dritte Sohn Georgs von Calenberg. Auf ausgedehnten Reisen nach

Schloss Herrenhausen – The Historical Summer Residence of the Welfs

Bernd Adam

On the meadows of the River Leine, just three kilometres from the old quarter of Hanover, and connected to it by an imposing Baroque avenue of lime trees, is the extensive Herrenhausen palace and garden complex. Here, from the mid-seventeenth century on, the Dukes of Brunswick-Lüneburg, scions of the powerful noble house of the Welfs, created a splendid summer residence, which to this day illustrates the form and function of such a complex with unusual clarity. This is all the more so since, as a result of the reconstruction completed in 2013, the total palace complex, destroyed in the Second World War, has now been restored to its pristine visual cohesion

A first pleasure palace for the princely court

The building of the summer palace of Herrenhausen and its gardens is closely linked to the rise of Hanover as a princely residence. When in 1636, in the middle of the Thirty Years' War, Duke George of Brunswick-Lüneburg (1586–1641) became the ruler of the principality of the Calenberg-Göttingen, following a division of the Welf lands, he needed a new capital for himself and his court, as Calenberg had been governed since 1584 from Wolfenbüttel, which was no longer within his domains. His choice fell on Hanover, the largest and most strongly fortified town in his territory.

Just a year after he took over the reins of government, he began to convert the former Franciscan priory in Hanover into his city palace, known as the Leineschloss. However, it was not until 1642 that the court moved into the new palace under Duke George's eldest son, Christian Louis (1622–1665). In order to provision the ducal court, a farmstead was set up in the village of Höringhusen to the north-west of the city in 1638, which gradually developed to become the summer residence of the dukes.

The driving force behind the expansion of the farm into a summer palace was John Frederick (1625–1679), the third son of George of Calenberg, who ruled from 1665. On extensive visits to Italy, he had been impressed by that country's villa culture, and as a result, it seemed essential to him to

Italien hatte ihn die dortige Villenkultur geprägt, weswegen es ihm unverzichtbar erschien, sich auch in Hannover für die Sommermonate einen angemessenen Aufenthaltsort außerhalb der Stadt zu schaffen. Auf politischer Ebene um die Zurückdrängung des Einflusses der Landstände bemüht, versuchte sich Johann Friedrich als absolutistischer Herrscher nach dem Vorbild des französischen Königs Ludwig XIV. (reg. 1643-1715) zu etablieren. Den französischen Hof und dessen Residenzbauten, darunter auch das zu dieser Zeit noch überschaubar große Schloss in Versailles, kannte der Herzog aus eigener Anschauung, sodass bei der Anlage des Lusthauses in Herrenhausen sowohl italienische wie auch französische Einflüsse anzunehmen sind.

Gegenüber dem streng durch das Zeremoniell geregelten Leben an einer absolutistischen Residenz bot das Lustschloss einen willkommenen Rahmen für freiere Umgangsformen und informellere Begegnungen. Dazu kam in Hannover die räumlich beschränkte Lage des Leineschlosses, die es nicht erlaubte, hier angemessene Gartenanlagen zu schaffen. Doch gerade in der raumgreifenden, geordneten Gestaltung eines Schloss- und Gartenkomplexes konnte sich der absolutistische Herrscher in idealer Weise als Zentrum seines Staates inszenieren. Zudem trieb der Herzog den Ausbau des Leineschlosses voran, sodass ein Ausweichquartier für den Hof während der von Bauarbeiten besonders belasteten wärmeren Jahreszeit an Bedeutung gewann.

Zwar benannte Johann Friedrich den Ort seiner künftigen Sommerresidenz bereits 1666 programmatisch vom hergebrachten Dorfnamen Höringhusen in Herrenhausen um; die anfänglich ergriffenen Maßnahmen zeugen jedoch zunächst von einem gewissen Pragmatismus.

Schon bald nach seinem Regierungsantritt 1665 veranlasste der Herzog den Abbruch eines alten Jagdhauses in dem gut 25 Kilometer flussaufwärts an der Leine gelegenen Ort Lauenstadt. Mit dem so gewonnenen Baumaterial wurde durch den aus Venedig stammenden und 1652 aus Padua angeworbenen Maler und Architekten Lorenzo Bedogni (um 1600-1670) zwischen den nördlichen Kopfenden der bestehenden Wirtschaftsbauten ein zweigeschossiger Wohntrakt errichtet, wodurch eine zum Garten geöffnete Dreiflügelanlage entstand. Die Idee der symmetrischen Zuordnung von Wirtschaftsflügeln zur Steigerung der Wirkung des Hauptbaus findet sich schon in den Traktaten der italienischen Renaissancearchitekten Andrea Palladio (1508-1580) und Sebastiano Serlio (1475-1554), doch können hier ebenso Einflüsse der in dieser Zeit in Frankreich bereits etablierten, um einen Ehrenhof gruppierten dreiflügeligen Schlossanlagen gesehen werden. Über die Gestalt dieses ersten Lusthauses sind wir durch eine um 1670 entstandene Zeichnung (Abb. 1) sowie einen schematischen Lageplan informiert. Dass hier mit überschaubarem Aufwand gearbeitet wurde, verdeutlicht unter anderem die eigenartige Dachlösung, die für den Anschluss der Seitenflügel an den weitgehend in seiner alten Form wiedererrichteten Wohntrakt gewählt wurde. Bei einem Neubau wäre eine gestalterisch

Abb. 1 Johann Jacob Zeuner, Lusthaus von Herrenhausen, Blick von Norden, Zeichnung, um 1670, Hannover, Gottfried Wilhelm Leibniz Bibliothek | Fig. 1 Johann Jacob Zeuner, The Herrenhausen Pleasure House, view from the north, drawing, c.1670, Hanover, Gottfried Wilhelm Leibniz Bibliothek

have an appropriate residence outside the city of Hanover for the summer months. At the political level, he was concerned to reduce the influence of the estates, seeking to establish himself as an absolute ruler on the model of the French king, Louis XIV (r. 1643–1715). The duke knew the French court and its residences (including the then still quite modest palace in Versailles) first-hand, so that both Italian and French influences can be presumed in the planning of Schloss Herrenhausen.

In contrast to the highly ceremonial life in the official residence of an absolute ruler, the summer palace (in German: *Lustschloss*, or 'pleasure palace') provided a welcome location for more informal forms of encounter and social interaction. In addition, the site of the Leineschloss, the city palace in Hanover, was cramped, and did not allow the creation of an appropriate garden. And it was precisely in an expansive, well-ordered palace-and-garden complex that an absolute ruler could stage himself in ideal fashion as the focus of his state. In addition, the duke was continuing to extend the Leineschloss, so that a refuge for the court during the warm season of the year, made even less tolerable by construction work, took on still greater importance.

John Frederick had, as early as 1666, already renamed the site of his future summer residence. It was a programmatic choice: Herrenhausen, based on the traditional village name of Höringhusen, means 'residence of the lords' in German. However, the measures taken testify at first to a certain pragmatism.

Soon after succeeding to the dukedom in 1665, the duke ordered the demolition of an old hunting lodge in the town of Lauenstadt, which lay on the banks of the Leine a good 25 kilometres upstream from Hanover. With the building material thus obtained, the Venetian-born painter and architect Lorenzo Bedogni (c.1600–1670), who had been recruited from Padua in 1652, built a two-storey residential block between the north ends of the existing utility buildings, resulting in a structure that enclosed the garden on three sides. The idea of a symmetrical placement of utility wings to enhance the effect of the main building can already be found in the treatises of the Italian Renaissance architects Andrea Palladio (1508–1580) and Sebastiano Serlio (1475–1554), but equally we can see influences from France, where such three-sided palaces grouped around a main court had already established themselves by this time. We know about the design of the first summer palace from a drawing made in around 1670 (fig. 1) and from a schematic ground plan. That no great expenditure was involved can be seen not least in the curious solution for the roof chosen to connect the wings to the residential block, which had been rebuilt largely in its old form. For a new building, a more coherent design might have been expected. The unusual, and for Herrenhausen characteristic, oblique positioning of the wings, which was retained through all the subsequent rebuilding phases, is due to the fact that the existing stables and barns were not parallel to each other.

schlüssigere Konstruktion zu erwarten gewesen. Die ungewöhnliche und für Herrenhausen charakteristische Schiefstellung der Seitenflügel, die bei allen späteren Umbauten beibehalten wurde, rührt daher, dass die vorhandenen Stallungen und Scheunen nicht parallel zueinander standen.

Für die Anlage eines ersten Ziergartens wurde nun im Süden des Gebäudes ein nahezu quadratischer Bereich abgesteckt, der bereits über die bis heute prägende mittlere Wegeachse auf das Schloss bezogen war (Abb. 2). Dieser im Verhältnis zur Schlossanlage angemessen dimensionierte Garten war noch weniger als halb so lang und lediglich halb so breit wie der heutige Große Garten.

Der Ausbau zur repräsentativen Sommerresidenz

Über die Nutzung des neuen Lusthauses durch den Fürsten schweigen die Quellen zunächst. Erst 1675, zehn Jahre nach Baubeginn, ist ein offizieller Aufenthalt Johann Friedrichs in Herrenhausen belegt. Ein Jahr zuvor hatte der Herzog damit begonnen, sich mit großem Engagement dem Ausbau seines bislang eher bescheidenen Landsitzes zu einer standesgemäßen Sommerresidenz zu widmen, die dem Repräsentationsbedürfnis eines barocken Fürsten Rechnung tragen und dem Wettbewerb mit anderen Höfen standhalten sollte. In Konkurrenz stand Johann Friedrich, der 1652 zum katholischen Glauben konvertiert war, hierbei in erster Linie zu seinen evangelischen Brüdern, vorrangig zu Georg Wilhelm, dem er 1665 erfolglos die Herrschaft in Celle streitig gemacht hatte und der sein dortiges Schloss bald nach Regierungsantritt zu großen Teilen neu errichten ließ. Der jüngere Bruder Ernst August, seit 1661 Bischof in Osnabrück, forcierte dort ab 1669 den Neubau eines der neben dem Potsdamer Stadtschloss ersten großen Residenzschlösser, die in Deutschland nach dem Dreißigjährigen Krieg zur Ausführung kamen.

Die finanziellen Mittel für das ambitionierte Herrenhäuser Bauprojekt kamen aus Paris. Als Gegenleistung für Johann Friedrichs Neutralitätsverpflichtung im Konflikt zwischen Frankreich und dem Deutschen Reich flossen zwischen 1672 und 1679 über zwei Millionen Reichstaler nach Hannover, was etwa 4500 Jahresgehältern des damaligen Herrenhäuser Gartenmeisters entsprach.

Der grundlegende Umbau der Schlossanlage umfasste neben der beidseitigen Erweiterung des Obergeschosses am Wohntrakt um jeweils vier Fensterachsen und der kostbaren Ausstattung der Innenräume auch den Bau eines italienisch geprägten Ehrenhofes vor der Nordfassade, dessen halbrunde Mauer bis heute erhalten ist. Am durchgreifendsten war jedoch die Umgestaltung der Seitenflügel, die nun begehbare Flachdächer erhielten. Die Wirtschaftsräume und Stallungen wurden entfernt und stattdessen hielt hier eine erste Orangerie Einzug. Seitlich der beiden Flügel entstanden die im 19. Jahrhundert durch den Hofbaumeister Heinrich Schuster (1799–1890) stark überformte Grotte und die Große Kaskade, die noch weitgehend ihre bauzeitliche Erscheinung zeigt (Abb. 12).

Abb. 2 Plan von der Königlichen und Churfüstlichen Residence Hannover (der Bereich des ersten, ab 1665 angelegten Lustgartens in Herrenhausen ist farbig hervorgehoben), Zeichnung, um 1740, Hannover, Gottfried Wilhelm Leibniz Bibliothek I Fig. 2 'Plan of the Royal and Electoral Residence of Hanover' (the area of the first pleasure garden at Herrenhausen, laid out from 1665 on, is highlighted in colour), drawing, c.1740, Hanover, Gottfried Wilhelm Leibniz Bibliothek

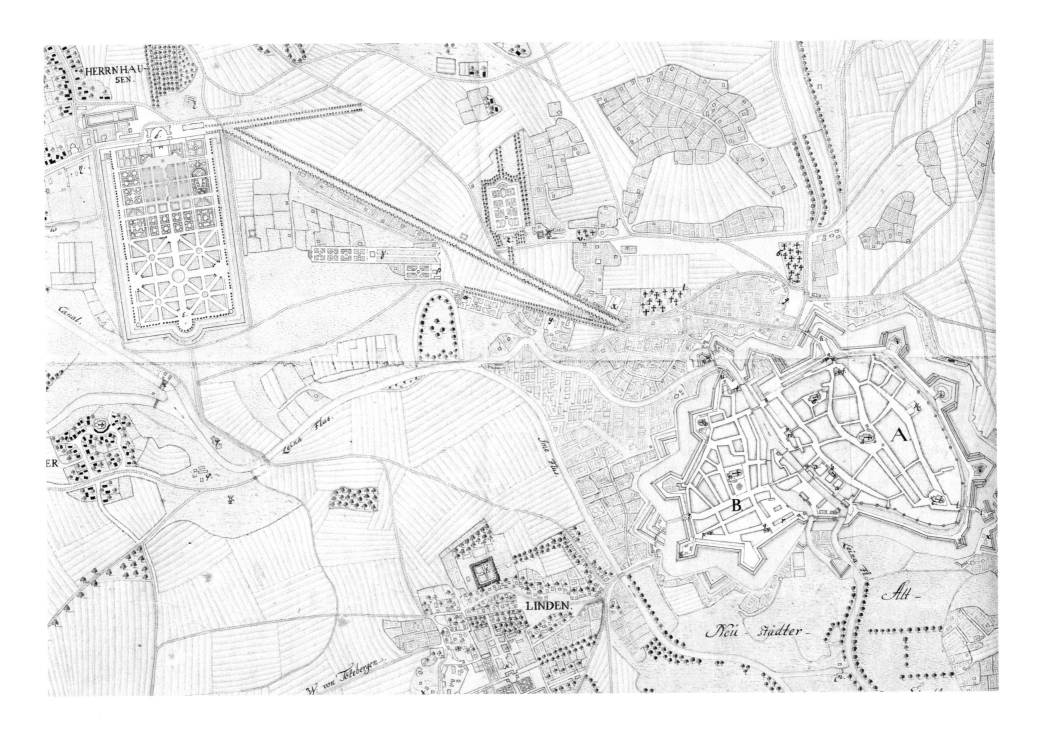

HERRNHAU
SEN.

Canal.

LINDEN.

W. von Toleberen.

Leine Flus.

Ihme Flus.

A.

B.

Leine Fl.

Neü-Städter-

Alt-

13

Abb. 3 Das Galeriegebäude, 1694–1698, Blick von Süden I
Fig. 3 The Galerie, 1694–1698, view from the south

Auffälligstes Merkmal des Umbaus waren die weitläufigen, in Herstellung und Unterhaltung überaus aufwendigen bleigedeckten Dachterrassen. Prestigeträchtige begehbare Dächer kannte Johann
Friedrich etwa von römischen und Florentiner Villen sowie von französischen Schlössern. In engem
künstlerischen Austausch stand der Herzog zudem mit seiner Schwester Sophia Amalie (1628–
1685), Königin von Dänemark, die sich ab 1669 nahe ihrer Residenz in Kopenhagen die weitläufige
Lustschloss- und Gartenanlage Amalienborg erbauen ließ. Diese war wie Herrenhausen gekenn-
zeichnet durch langgestreckte, eingeschossige Seitenflügel, die den Hauptbau symmetrisch einfass-
ten und deren Dächer als Terrassen ausgebildet waren.

Auf Vorbilder im Umfeld des französischen Hofes verweist die durch den Umbau in Herrenhausen geschaffene Innenraumdisposition. Der zentrale, überhöhte Saal im Obergeschoss wurde beid-
seitig flankiert von sogenannten Appartements Doubles, jeweils zwei parallel angeordneten Zim-
merfluchten, die in Nachahmung des französischen Hofzeremoniells separate Wohneinheiten für
den Herrscher und die Herrscherin mit gleichartigen Raumfolgen für die Repräsentation sowie für
das eher private Wohnen zur Verfügung stellten. Ihre Erschließung erfolgte über Enfiladen, das
heißt über Türen, die auf durchlaufenden Achsen angeordnet waren. Die mittlere Erdgeschosshalle
sowie der darüber angeordnete Obergeschosssaal lagen auf der raumgreifenden Mittelachse des
Gartens und symbolisierten so das Zentrum des beherrschten und geordneten Territoriums.

For the layout of a first ornamental garden, an almost square area was staked out to the south of the building; even at this stage it was oriented to the palace along the central pathway axis, which is still dominant today (fig. 2). This garden, which fits in well with the scale of the palace, was less than half as long and only half as broad as today's Great Garden.

Conversion into a prestige summer residence

The earliest sources have nothing to say about how the summer residence was actually used by the dukes. Not until 1675, ten years after the start of construction work, is there any record of an official sojourn in Herrenhausen by John Frederick. A year earlier, the duke had begun with great commitment to devote himself to the conversion of his modest country house into a summer residence worthy of his status as a Baroque prince, one that would stand comparison with other courts. John Frederick had become a Roman Catholic in 1652; his immediate rivals were his Protestant brothers, primarily George William, whom he had tried unsuccessfully to displace as ruler of Celle in 1665, and who largely rebuilt his palace there soon after taking office. And the younger brother Ernest Augustus, since 1661 the (Lutheran) bishop of Osnabrück, had pushed through, from 1669, the rebuilding of what was, after the Potsdam City Palace, one of the largest palaces to be built in Germany following the end of the Thirty Years' War.

The funds for the ambitious Herrenhausen project came from Paris. In return for John Frederick's declaration of neutrality in the conflict between France and the Empire, more than two million reichstalers passed to Hanover between 1672 and 1679, a sum corresponding to 4,500 times the annual salary of the master gardener at the time.

Alongside the extension of the upper storey on both sides of the residential building by the addition of four window bays, and the expensive furnishing of the interior, the far-reaching rebuilding of the palace complex comprised the building of an Italianate courtyard in front of the north façade; its semicircular wall has survived to this day. The most drastic change, however, was the rebuilding of the side wings, which were now given flat roofs that could be walked on. The utility rooms and stables were removed, and replaced by a first Orangery. To the sides of the two wings were constructed the Grotto, heavily reworked in the nineteenth century by the court architect Heinrich Schuster (1799–1890), and the Great Cascade, which still largely retains its original form (fig. 12).

The most conspicuous features of the rebuilding were the extensive roof terraces, which, with their lead cladding, were expensive both to create and maintain. Accessible terraces were a sign of status, and John Frederick would have known them from Roman and Florentine villas and French châteaux. Also, the duke corresponded frequently on artistic matters with his sister Sophia Amalia (1628–1685), the

Architekten dieser Baumaßnahmen waren der aus Venedig stammende Bauverwalter Hieronymo Sartorio sowie der vom dänischen Hof Sophia Amalies berufene Fontänenmeister Marinus Cadart, der vielfältige Wasserkünste anlegte. Anfänglich gab es allein in und auf der Grotte mehr als zwanzig Springstrahlen. Die Fassaden und Innenräume von Grotte, Kaskade und Seitenflügeln erhielten Dekorationen aus einer Vielzahl von Erzen, Glasbruch und Muscheln. Als haltbar erwiesen sich diese Verzierungen jedoch nicht, da geeignete Baustoffe zu ihrer Befestigung fehlten und kleinere Diebstähle von schön geformten Muscheln und Schnecken als Erinnerungsstücke an der Tagesordnung waren. Dauerhaftigkeit war allerdings auch nicht das Ziel dieser auf den momentanen Effekt ausgerichteten Kulissenarchitektur, standen doch die Inszenierung herausragender Ereignisse und die Zurschaustellung der absoluten Macht des Herrschers als wesentliche Aufgaben barocker Gestaltung im Zentrum des Interesses. Dies bestätigte sich auch, als Herzog Johann Friedrich 1679 verstarb und sein pompöses Begräbnis mit gut 34 000 Reichstalern nahezu genauso viel kostete wie der gesamte Ausbau seines Herrenhäuser Schlosses.

Das Schlossprojekt des neuen Kurfürsten

Mit Johann Friedrichs jüngerem Bruder Ernst August (1629–1698) trat im Jahre 1679 ein Herzog an die Spitze des Fürstentums, der mit Ehrgeiz und großer Zielstrebigkeit die Machterweiterung seiner Dynastie verfolgte. Sein großes, 1692 schließlich erreichtes politisches Ziel war die Erlangung der Kurwürde.

Solche Ambitionen mussten durch eine angemessene Repräsentation gestützt werden, mit der die Macht und Finanzkraft des Herrscherhauses zur Schau gestellt werden konnte Gemeinsam mit seiner Gattin Sophie von der Pfalz (1630–1714), der Tochter der englischen Prinzessin Elisabeth Stuart, unterhielt Ernst August einen prunkliebenden und kulturell lebendigen Hof, den Zeitgenossen als einen der kultiviertesten in Deutschland schätzten. Hannover wurde um ein vielbewundertes Opernhaus bereichert und der in jedem Jahr mit enormem finanziellen Aufwand ausgerichtete venezianische Karneval war Hauptanziehungspunkt für auswärtige Gäste. Auch das Lustschloss in Herrenhausen, das während der Sommermonate von Mai bis Oktober mit Gartenfesten, Feuerwerken, Theateraufführungen und Gondelfahrten Mittelpunkt des höfischen Lebens war, spielte in den ehrgeizigen Plänen des Herzogs eine zentrale Rolle. Im Jahr 1690 entwarf er eigenhändig einen großen neuen Schlosskomplex, der von einem Zentralbau mit achteckigem Mittelsaal beherrscht wird (Abb. 4). Flankiert werden sollte dieses an die Villa Rotonda Andrea Palladios erinnernde Schloss durch vier symmetrisch angeordnete Bauten, von denen die gartenseitigen mit ihren pavillonartig betonten Endbereichen als Vorbild für das hier ab 1694 errichtete Galeriegebäude gedient haben (Abb. 3). In den unverkennbaren Bezügen zur italienischen Renaissancearchitektur, die den

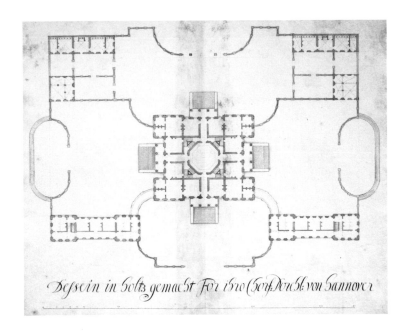

Abb. 4 Zentralbauprojekt für ein neues Schloss in Herrenhausen nach dem Entwurf von Herzog Ernst August und dem Hofarchitekten Johann Peter Wachter, Zeichnung, um 1690, Stadtarchiv Hannover I Fig. 4 Centrally planned building project for a new palace at Herrenhausen after the design by Duke Ernest Augustus and the court architect Johann Peter Wachter, drawing, c.1690, Stadtarchiv Hannover

queen of Denmark, who had the extensive summer palace and garden complex of Amalienborg built near Copenhagen from 1669 on. This, like Herrenhausen, was characterized by long, single-storey wings that enclosed the main building symmetrically, and likewise had accessible roof terraces.

The arrangement of the interior rooms points to French models: the central, high-ceilinged hall on the upper floor was flanked on each side by what was known as an 'appartement double' consisting of two parallel suites, which, in imitation of French court ceremonial, provided separate units for the ruler and his consort with similar suites both for purposes of state and for private use. The rooms were accessed on the enfilade principle: that is to say, there was no corridor, but all the doors were along a single axis. The central hall on the ground floor, and the first-floor hall immediately above, lay on the central axis of the garden and symbolized thus the centre of the ordered domain of the ruler.

The architects responsible for these building measures were the Venetian-born building supervisor Hieronymo Sartorio and the 'fountain master' Marinus Cadart, who was summoned from the Danish court of Sophia Amalia to set up a variety of elaborate water features. To start with, there were, in and on the Grotto alone, more than twenty fountains. The façades and interiors of the Grotto, the Cascade and the wings were decorated with numerous ores, broken glass and seashells. However, these decorations proved not to be durable, as suitable materials were not available to fix them firmly to the walls, and they were regularly pilfered by souvenir hunters. Durability, however, was never the aim of this backdrop architecture, which was geared to the immediate effect – for after all, it was the staging of outstanding events and the display of the absolute power of the ruler that constituted the essential tasks of Baroque design. This was confirmed when Duke John Frederick died in 1679: his pompous funeral cost 34,000 reichstalers, almost exactly the same as the entire rebuilding of Herrenhausen.

The palace project of the new prince-elector

John Frederick was succeeded in 1680 by his younger brother Ernest Augustus (1629–1698), who pursued expansion of his dynasty's power with ambition and great purposefulness. His greatest political goal, finally attained in 1692, was to become an elector of the Holy Roman Empire.

Such ambitions had to be supported by appropriate display, in order to show off the power and wealth of the ruling dynasty. Together with his consort, Sophia of the Palatinate (1630–1714), the daughter of the British princess Elizabeth (daughter of James I and VI), Ernest Augustus maintained a dazzling and culturally lively court, which was appreciated by contemporaries as one of the most cultivated in Germany. Hanover was enriched by a much-admired opera house, and the Venetian Carnival, held at huge expense every year, was a leading attraction for visitors. The summer

Schlossentwurf als frühes und bedeutendes Beispiel des Neopalladianismus ausweisen, spiegeln sich die kulturellen Erfahrungen, die der Herzog auf ausgedehnten Reisen nach Italien gewonnen hatte und die ihn, wie bereits zuvor seinen Bruder, zutiefst prägten.

Der aus Mannheim als Hofarchitekt berufene Johann Peter Wachter überarbeitete den herzoglichen Entwurf und fertigte ein großes hölzernes Präsentationsmodell an, das im bestehenden Schloss Aufstellung fand. Hier konnten ausgewählten Besuchern die weitreichenden Planungen bereits vor ihrer Realisierung anschaulich vor Augen geführt werden. Alles deutet darauf hin, dass um die Zeit der Erhebung Ernst Augusts in den Kurfürstenstand in Herrenhausen tatsächlich ein riesiger Zentralbau mit einem bis in die Kuppel hinaufreichenden Mittelsaal von 17 Metern Durchmesser entstehen sollte und dass die Galerie das erste der zugehörigen Nebengebäude darstellt. Diese war zwar anfangs als Orangerie geplant, doch fasste man schon während der Bauzeit den Entschluss, den im Mittelbau gelegenen Saal mittels Stuckdecke und Freskomalerei in einen großen Festraum zu verwandeln, der an Fläche selbst die berühmte Spiegelgalerie Ludwigs XIV. in Versailles übertreffen sollte.

Mit den Plänen des monumentalen Schlossbaus einher ging ab 1697 die Vergrößerung der Gartenanlagen. Auf die maßgebliche Initiative der Kurfürstin Sophie hin entstand nun unter Leitung des zuvor bereits in Osnabrück für sie tätigen französischen Gartenmeisters Martin Charbonnier (um 1655–1720) der berühmte Große Garten, wie er in seinen Grundzügen bis heute überliefert ist (Abb. 6). Eine anschauliche Vorstellung von der herausragenden Größe dieser Aufgabe vermittelt die Tatsache, dass die damalige Residenzstadt Hannover nur knapp dreimal so viel Fläche einnahm wie die neu geschaffene Gartenanlage in Herrenhausen (Abb. 2).

Der unerwartete Tod des Kurfürsten im Februar 1698 setzte der Arbeit an dem monumentalen Schlosskomplex ein jähes Ende. Sophie bezog mit einem kleinen ausgewählten Hofstaat ihren Witwensitz in Herrenhausen, und auch ihr Sohn Georg Ludwig (1660–1727) nutzte das Anwesen weiterhin als Sommerresidenz, allerdings sah der neue Kurfürst keinen Anlass, die Neubaupläne seines Vaters weiter zu verfolgen. Die bestehende Sommerresidenz war eigentlich durchaus stattlich und stand gegenüber zeitgleichen Schlossbauten anderer, ähnlich umfangreicher Territorien wie dem zeitnah errichteten und damals international beachteten Sommerschloss der Braunschweig-Wolfenbütteler Herzöge in Salzdahlum an Größe nicht zurück. Allerdings war das Gebäude inzwischen so unmodern, dass es keineswegs unverändert beibehalten werden konnte. Doch auch als die 1701 erfolgte Änderung der englischen Erbfolgeregelung, der sogenannte Act of Settlement, den hannoverschen Kurfürsten die englische Thronfolge in Aussicht stellte und sich entsprechend die internationale Aufmerksamkeit verstärkt auf das Kurfürstentum richtete, gab dies Georg Ludwig

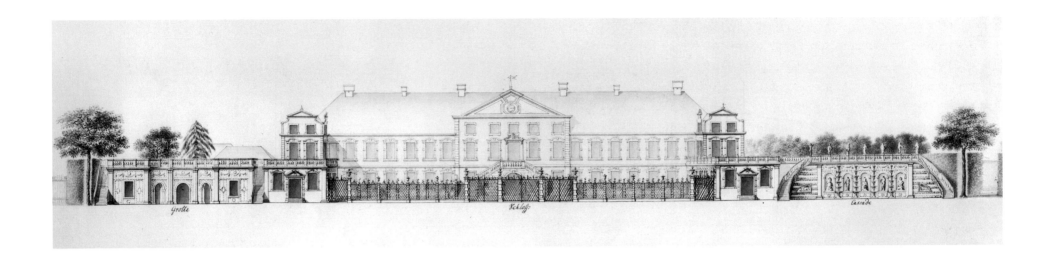

Abb. 5 Johann Dietrich Heumann, Südansicht des Schlosses im
1706 erreichten Ausbauzustand, Bestandsplan, Zeichnung, 1764,
London, The British Library I Fig. 5 Johann Dietrich Heumann,
south view of the palace as it was in 1706, drawing, 1764,
London, The British Library

palace of Herrenhausen, which from May to October, as the venue for garden parties, firework displays, theatrical performances and gondola rides, was the focus of court life, also played a central role in the duke's ambitious plans. In 1690, he personally designed a new palace complex dominated by a centrally planned building with an octagonal central hall (fig. 4). This structure, reminiscent of Palladio's Villa Rotonda, was to be flanked by four symmetrically ordered buildings, of which those facing the garden, with their pavilion-like end elements, served as the model for the Gallery building erected here from 1694 on (fig. 3). The unmistakable similarities to Italian Renaissance architecture, which identify the palace design as an early and important example of neo-Palladianism, reflect the cultural experiences that the duke had undergone on extensive trips to Italy and which had left a deep mark on him, as, previously, on his brother.

Johann Peter Wachter, invited from Mannheim to be court architect, revised the ducal design and prepared a large presentation model in wood, which was displayed in the existing palace. Here, selected visitors had the opportunity to inspect the far-reaching plans even before they were implemented.

Everything suggests that around the time the duke was elevated to the status of elector, a huge centrally planned building, with a 17-metre-diameter central hall reaching into the dome, really was planned for Herrenhausen, and that the Gallery represents the first of the appurtenant subsidiary buildings. This latter was originally planned as an orangery, but even before it was finished a decision was taken to turn the hall in the centre into a large ceremonial space by adding plaster ceilings and frescoes. Its area even exceeded that of Louis XIV's famous Hall of Mirrors in Versailles.

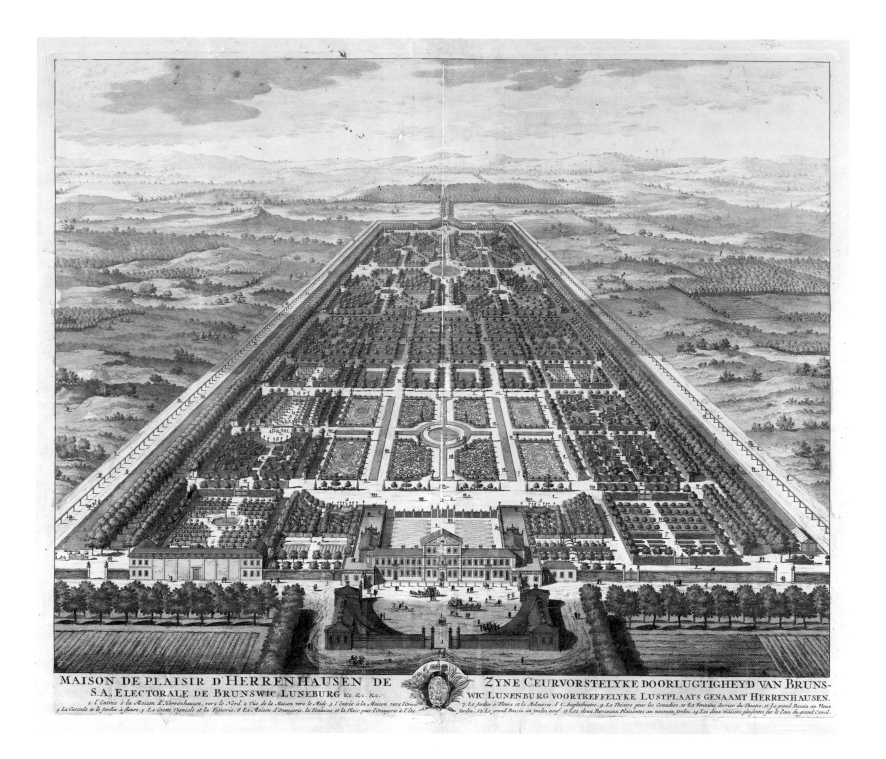

MAISON DE PLAISIR D'HERRENHAUSEN DE S.A. ELECTORALE DE BRUNSWIC LUNEBURG &c. &c. &c.

ZYNE CEURVORSTELYKE DOORLUGTIGHEYD VAN BRUNS-WIC LUNENBURG VOORTREFFELYKE LUSTPLAATS GENAAMT HERRENHAUSEN.

1. l'Entrée à la Maison d'Herrenhausen, vers le Nord. 2 Vue de la Maison vers le Midy. 3 l'Entrée à la Maison vers l'Orient. 4 La Cascade & le jardin à fleurs. 5 La Grotte Vigniale et la Figuerie. 6 La Maison d'Orangerie. la Fontaine et la Place pour l'Orangerie à l'Été.

7. Le Jardin à Fleurs et la Aoluerie. 8 L'Amphitheatre. 9 Le Theatre pour les Comedies. 10 La Fontaine derrier du Theatre. 11 Le grand Bassin au Vieux Jardin. 12 Le grand Bassin au jardin neuf. 13 Les deux Berceaux Plaisantes au nouveau jardin. 14 Les deux maisons plaisantes sur le Coin du grand Canal.

Abb. 6 Vogelschau des Großen Gartens, Ansicht von Norden, kolorierter Kupferstich, um 1708 | Fig. 6 Bird's-eye view of the Great Garden, view from the north, hand-coloured copper engraving, c.1708

From 1697 on, the enlargement of the gardens went hand in hand with the plans for the monumental palace building. Largely on the initiative of Electress Sophia, and under the supervision of the French garden designer Martin Charbonnier (c.1655–1720), who had already worked for her in Osnabrück, the famous Great Garden took shape, in much the same form as we see it today (fig. 6). A graphic idea of the extraordinary dimensions of this task can be gained from the fact that the whole city of Hanover at that time had an area of hardly three times that of the newly created garden complex (fig. 2).

The sudden death of the elector in February 1698 put an abrupt end to work on the monumental palace complex. Sophia took a small entourage with her to her dower house in Herrenhausen, and her son George Louis (1660–1727) also continued to use the estate as a summer residence; however, the new elector saw no reason to pursue his father's building project. The existing summer residence was actually quite stately as it was, and its size could stand comparison with contemporary palaces of other, similarly extensive territories such as the internationally admired summer palace of the dukes of Brunswick-Wolfenbüttel in Salzdahlum, which was built at about the same time. However, the building was by now so old-fashioned that there was no way it could remain as it was. But then in 1701, the English parliament passed the Act of Settlement, under the terms of which the succession to the throne of England would, on the death of the reigning queen, Anne, pass to the Electress Sophia and her protestant heirs; while this had the effect, naturally, of drawing international attention to the Electorate of Hanover, it still gave George Louis no incentive to indulge in renewed building activity at Herrenhausen. Instead, he restricted himself to a thorough refurbishment, which was undertaken between 1704 and 1706, under the supervision of the Venetian architect Giacomo Quirini, by Tomaso Giusti (c.1644–1729), who later went on to build the Roman Catholic church of St Clement in Hanover. Among other things, the façades were given a stucco decoration that imitated the massive sandstone window surrounds and corners of the building (fig. 5). In addition, in order to extend the upper storey, short extensions were made to the single-storey wings of the palace. The design problem now was that the building looked inappropriately small relative to the enlarged garden, and provided no proper architectural setting for the latter on its north side.

The palace of the absentee rulers

In August 1714, Queen Anne died, childless as expected. The Electress Sophia had predeceased her by just two months, and so the succession to the throne of Great Britain fell to her Protestant son and heir, Elector George Louis. Now 54 years old, in September he and his court left Herrenhausen for England, where he was crowned King George I (r. 1714–1727) However, he continued to pay lengthy visits to his ancestral lands every three years, and in fact died there in 1727 while on the sixth and last. These visits

keinen Anreiz, nochmals umfassend in Herrenhausen tätig zu werden. Stattdessen beschränkte er sich auf eine grundlegende Instandsetzung, die von 1704 bis 1706 unter Anleitung des aus Venedig stammenden Baudirektors Giacomo Quirini von Tomaso Giusti (um 1644–1729), dem späteren Erbauer der katholischen Clemenskirche in Hannover, durchgeführt wurde. Unter anderem erhielten die Fassaden dabei eine Verputzdekoration, die kräftig gequaderte Fenstereinfassungen und Eckbetonungen aus Sandstein nachahmte (Abb. 5). Ferner erfolgte zur Erweiterung des Obergeschosses die Anlage der kurzen Kopfbauten auf den eingeschossigen Seitenflügeln des Schlosses. Das gestalterische Hauptproblem war aber fortan, dass der Bau im Verhältnis zum erweiterten Garten unpassend klein wirkte und diesem an seiner Nordseite keine angemessene architektonische Fassung gab.

Das Schloss der fernen Herrscher

Als gut zwei Monate nach der Kurfürstin Sophie 1714 auch die kinderlose Königin Anne Stuart in England verstarb, begann ein neues Kapitel in der Geschichte des Welfenhauses. Der britische Thron fiel nun an die protestantischen Nachkommen der Kurfürstin und damit an ihren Sohn Georg Ludwig. Im September verließ der inzwischen 54-jährige Kurfürst mit seinem Hof Herrenhausen in Richtung England, wo er zum König Georg I. (reg. 1714–1727) gekrönt wurde. Seinen Stammlanden stattete er jedoch weiterhin alle zwei bis drei Jahre, insgesamt fünf lange, Besuche ab, die in der Regel über die Sommermonate stattfanden, sodass der König seinen Aufenthalt im Herrenhäuser Schloss nahm. Durch die Anwesenheit des Monarchen und seiner englischen Kanzlei wurde Herrenhausen zeitweise wieder zu einem bedeutenden politischen Zentrum. Verwandte Fürsten statteten Besuche ab, Botschafter und Gesandte auswärtiger Staaten stellten sich ein, und der Adel des Landes suchte den Kontakt zum König. Feste, Feuerwerke und Illuminationen, Maskenbälle und Theaterveranstaltungen dienten der Unterhaltung des Hofes und waren zugleich ein zentrales Medium, um Gästen Macht und Großzügigkeit des Königs zu demonstrieren. Die Hofhaltung in Hannover bestand ohnehin weiter, nutzte jedoch vorrangig das Leineschloss, wo der Enkel des Königs Prinz Friedrich das Herrscherhaus vertrat. Zwar hatte Georg bereits vor seiner Krönung den neu aus Berlin berufenen Hofarchitekten Louis Remy de La Fosse (um 1659–1726) mit der Errichtung der imposanten südlichen Eckpavillons im Großen Garten und dem Bau eines Pagenhauses beauftragt, doch unterblieb der notwendige, in der Ausdehnung dem Garten angepasste Ausbau des Schlosses. Dies verwundert, da gerade im ersten Drittel des 18. Jahrhunderts selbst in vielen anfänglich weniger bedeutenden Residenzorten des Reiches, wie etwa in Rastatt, Erlangen, Pommersfelden oder Bruchsal weitläufige neue Schlossanlagen entstanden.

Abb. 7 Tobias Henry Reetz, Neubauentwurf für das Herrenhäuser Schloss, Zeichnung, um 1725, Hannover, Gottfried Wilhelm Leibniz Bibliothek | Fig. 7 Tobias Henry Reetz, design for a new palace at Herrenhausen, drawing, c.1725, Hanover, Gottfried Wilhelm Leibniz Bibliothek

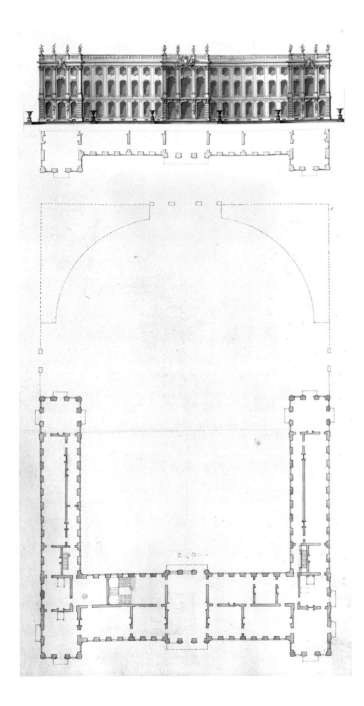

usually took place in the summer, so the king would stay at Herrenhausen. The presence of the monarch and his English officials turned Herrenhausen temporarily into an important political centre once more. Related princes would come to visit, ambassadors and envoys of foreign states were received, and the local aristocracy sought contact with the king. Festivals, fireworks and illuminations, masked balls, and theatrical productions were put on to entertain the court, while at the same time functioning as a central medium for demonstrating to guests the power and hospitality of the king. The court in Hanover continued its separate existence in any case, but primarily used the Leineschloss, where the king's grandson Prince Frederick represented the ruling house. While George, before his coronation, had commissioned the court architect Louis Remy de La Fosse (*c.*1659–1726), newly invited from Berlin, to erect the imposing south corner pavilions in the Great Garden, along with a *Pagenhaus* (accommodation for the pages and their tutors), the extension of the palace itself, necessary if it were to match the size of the garden, was ignored. This is surprising, as particularly in the first decades of the eighteenth century, extensive new palaces were being built in numerous originally much less important principalities of the Empire, for example in Rastatt, Erlangen, Pommersfelden and Bruchsal.

The king's attention, though, was concentrated on a different project. George I's major investment in Herrenhausen was aimed at the creation of a large fountain, and with the ultimate height of its jet of water, 35 metres, he outdid every other court in Europe, so that his new rank as one of the most powerful European monarchs was given graphic expression (fig. 78). The fountain illustrated the power of the ruler to subdue nature. Positioned at the centre of the geometrically ordered garden, it dominated the complex, just as the absolute ruler stood at the focus of his state (quite apart from the less-than-subtle symbolism of masculine potency). The technical and financial outlay for the realization of the Great Fountain was enormous. All in all, a total cost of at least 220,000 reichstalers is recorded. In other words, hardly any less than the 230,000 reichstalers made available for the construction of the Frauenkirche in Dresden between 1726 and 1734.

Following on from the building of a new Orangery in 1722 to house the ever-growing collection of tender ornamental plants, the court architect Tobias Henry Reetz (1680–1765), who had been recruited from Berlin in 1725, made one last attempt to persuade the king to build a prestige palace at Herrenhausen. He proposed a totally new building (fig. 7), whose two-and-a-half-storey central section, unlike the existing building, was to be placed on the garden side. The new palace with its side wings would then, in the usual way, have opened on to the main courtyard to the north, while the tall, robust structure would have given the garden a frame harmonious in its proportions. All in all, then, it was a design appropriate to a royal palace, but its implementation was probably never seriously considered, given that the king was so rarely there.

Die Aufmerksamkeit des Königs aber konzentrierte sich auf ein anderes Projekt. Georgs I. herausragende Investition in Herrenhausen zielte auf die Anlage einer großen Fontäne, mit deren letztlich erreichter Sprunghöhe von bis zu 35 Metern er alle übrigen Höfe Europas überflügelte, sodass sein neuer Rang als einer der mächtigsten Monarchen Europas sinnfällig zum Ausdruck kam (Abb. 78). Die Fontäne veranschaulichte die Macht des Herrschers, die Natur zu bezwingen. Im Zentrum des geometrisch geordneten Gartens positioniert, beherrschte sie die Anlage ebenso wie der absolutistische Fürst im Zentrum seines geordneten Staatswesens stand, ganz abgesehen von der augenscheinlichen Symbolik der Manneskraft, die der Strahl zeigen sollte. Der technische und finanzielle Aufwand für die Realisierung der Großen Fontäne war enorm. Hierfür sind Gesamtkosten von wenigstens 220 000 Reichstalern belegt. Somit kaum weniger als die 230 000 Reichstaler, die zwischen 1726 und 1734 für die Errichtung der Dresdener Frauenkirche bereitgestellt wurden.

Im Anschluss an die ab 1722 erfolgte Errichtung einer neuen Orangerie zur Unterbringung der stetig wachsenden Sammlung frostempfindlicher Zierpflanzen unternahm der 1725 aus Berlin angeworbene Hofarchitekt Tobias Henry Reetz (1680–1765) einen letzten Anlauf, den König zu einem repräsentativen Schlossbau in Herrenhausen zu bewegen. Er schlug einen vollkommenen Neubau vor (Abb. 7), dessen zweieinhalbstöckiger Mitteltrakt, anders als beim Bestand, an die Gartenseite gesetzt werden sollte. So hätte sich das neue Schloss in der üblichen Form mit seinen Seitenflügeln zum nördlich gelegenen Ehrenhof geöffnet, während der hohe, kräftige Baukörper dem Garten eine in den Proportionen harmonische Fassung gegeben hätte. Insgesamt also ein Entwurf, der einem königlichen Schloss ange-

Abb. 8 Johann Georg Täntzel, ausgeführter Entwurf zur Vereinfachung der Fassadengestaltung für das Herrenhäuser Schloss, Zeichnung, 1780, Niedersächsisches Landesarchiv – Hauptstaatsarchiv Hannover | Fig. 8 Johann Georg Täntzel, design as executed for a simplification of the façade of Schloss Herrenhausen, drawing, 1780, Niedersächsisches Landesarchiv – Hauptstaatsarchiv Hannover

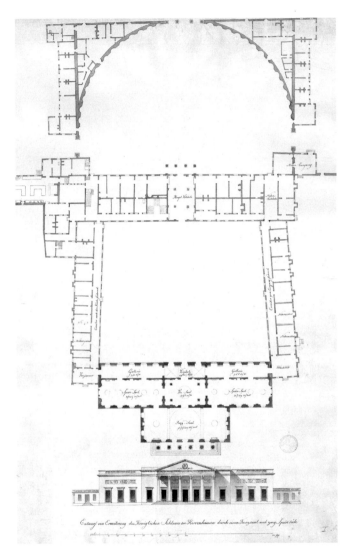

Abb. 9 Georg Ludwig Friedrich Laves, Entwurf zur Erweiterung des Herrenhäuser Schlosses durch Anlage eines neuen Gartenflügels, Zeichnung, 1819, Niedersächsisches Landesarchiv – Hauptstaatsarchiv Hannover I Fig. 9 Georg Ludwig Friedrich Laves, design for the enlargement of Schloss Herrenhausen by the addition of a new garden wing, drawing, 1819, Niedersächsisches Landesarchiv – Hauptstaatsarchiv Hannover

Nor was there to be any major building activity at the palace under George II (r. 1727–1760) either, after he succeeded his father on the British throne. It is true that the new ruler paid twelve lengthy visits to his ancestral lands, and thus to Herrenhausen too, and for this reason the palace and garden were carefully maintained. Alterations, however, were restricted to the replacement of the wall hangings and the building of new fireplaces and chimneys. During his sojourns in Herrenhausen, George II, like his father, always occupied the ground-floor rooms at the far end of the east garden wing. It is noteworthy that neither king made any regular use of the more stately apartments on the upper floor of the central building, which would have been appropriate to their status, both preferring a more private living arrangement with direct access to the garden. On the upper storey of the palace, the Hall was the focus of court life, where George II during his visits to Herrenhausen regularly dined in public, albeit without any ceremonial, but in a small circle consisting primarily of ministers, court ladies, and guests. While the king was not in residence, strangers of appropriate standing had the opportunity of viewing the unoccupied rooms on payment of a fee.

The court happened to be in Hanover when skirmishes between British and French troops in North America heralded the outbreak of the Seven Years' War. As a result, George II left Herrenhausen in September 1755, but at this point in time no one could have known that he would never return, nor that his grandson and successor, George III (r. 1760–1820), would never set foot in Hanover during the whole of his 60-year reign. Schloss Herrenhausen now stood empty. As it became clear, with the passing of the years, that a visit by the king was hardly to be reckoned with, the structural maintenance of the slowly decaying buildings was increasingly neglected. Because the Baroque plaster decorations on the façade were crumbling and in any case by now very old-fashioned, the court mason Georg Täntzel (c.1755–1815) had all of them removed during a general maintenance measure in 1780, and gave the façades a simple render (fig. 8).

The neoclassical alterations of Georg Ludwig Friedrich Laves

Only when the Electorate of Hanover was declared a kingdom in 1814 did Schloss Herrenhausen return to the centre of interest. The people of Hanover hoped for an early visit from the Prince Regent, the future King George IV (r. 1820–1830). After more than half a century of stasis, there was a great deal to do before the regent could be accorded an appropriate reception.

It was in this situation that Georg Ludwig Friedrich Laves (1788–1864) was appointed head of works in 1814, and it was he who largely gave the palace the appearance it retained until its destruction in 1943, and which can now be seen again thanks to the reconstruction of its neoclassical façades.

messen gewesen wäre, dessen Realisierung wegen der seltenen Aufenthalte des Königs aber wohl niemals ernsthaft in Erwägung gezogen wurde.

Auch unter Georg II. (reg. 1727–1760), der seinem Vater auf den englischen Thron folgte, sollte es keine größeren baulichen Aktivitäten am Schloss mehr geben. Zwar stattete der neue Herrscher seinen Stammlanden und somit auch Herrenhausen insgesamt zwölf lange Besuche ab, weswegen Schloss und Garten stets gepflegt und sorgfältig erhalten wurden, Umgestaltungen beschränkten sich jedoch auf die Erneuerung von Wandbespannungen und die Anlage neuer Kamine. Während seiner Aufenthalte in Herrenhausen wohnte Georg II., ebenso wie zuvor sein Vater, stets in den Erdgeschossräumen am Kopfende des östlichen Gartenflügels. Es ist bemerkenswert, dass beide Könige auf die regelmäßige Nutzung der repräsentativeren und standesgemäßen Appartements im Obergeschoss des Mittelbaus verzichteten und einer privateren Wohnsituation mit direkter Erreichbarkeit des Gartens den Vorzug gaben. Im Obergeschoss des Schlosses war der Saal das Zentrum des höfischen Lebens, wo Georg II. während seiner Aufenthalte in Herrenhausen regelmäßig öffentlich, jedoch ohne Zeremoniell, im kleinen Kreis vorrangig von Ministern, Damen der Hofgesellschaft und Gästen speiste. Weilte der König nicht in Herrenhausen, war Fremden von Stand die Möglichkeit gegeben, die ungenutzten Räume gegen Gebühr zu besichtigen.

Der Hof hielt sich gerade in Hannover auf, als Gefechte zwischen englischen und französischen Truppen in Nordamerika den Ausbruch des Siebenjährigen Krieges ankündigten. Georg II. verließ Herrenhausen daraufhin im September 1755, doch ahnte zu dieser Zeit noch niemand, dass er nicht mehr zurückkehren und sein Nachfolger Georg III. (reg. 1760–1820) in seiner sechzigjährigen Regierungszeit niemals nach Hannover kommen würde. Das Herrenhäuser Schloss stand fortan leer. Da sich mit den Jahren abzeichnete, dass hier kaum noch mit einem Aufenthalt des Königs gerechnet werden konnte, wurde die bauliche Unterhaltung des langsam in Verfall geratenden Schlosses zunehmend in Frage gestellt. Weil die aus Putz hergestellte barocke Fassadendekoration recht reparaturanfällig und zudem inzwischen höchst unmodern war, entfernte der Hofmaurermeister Johann Georg Täntzel (um 1755–1815) bei einer 1780 durchgeführten Instandsetzung des Gebäudes alle Verzierungen und versah die Fassaden mit einem schlichten Verputz (Abb. 8).

Der klassizistische Ausbau durch Georg Ludwig Friedrich Laves

Erst als das Kurfürstentum Hannover 1814 zum Königreich erklärt wurde, rückte das Herrenhäuser Schloss wieder ins Zentrum des Interesses. Die Hannoveraner rechneten mit einem baldigen Besuch des Prinzregenten und späteren Königs Georg IV. (reg. 1820–1830). Nach mehr als einem halben Jahrhundert Stillstand gab es eine Menge zu tun, um dem Regenten einen standesgemäßen Empfang zu bieten.

Abb. 10 Nordfassade des wiedererrichteten Schlosses im April 2013, noch ohne Attikafiguren I Fig. 10 North façade of the rebuilt palace in April 2013, still without the attic figures

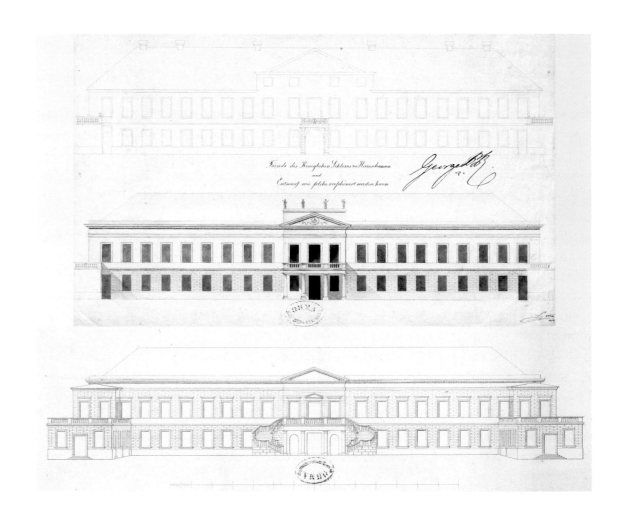

Abb. 11 Georg Ludwig Friedrich Laves, Zustand der Nordfassade (oben) und Entwürfe für deren Umgestaltung (Mitte) sowie die Gartenfassade des Schlosses (unten), Zeichnungen, um 1819, Stadtarchiv Hannover | Fig. 11 Georg Ludwig Friedrich Laves, state of the north façade (top) and proposals for a new design (middle) and the garden front of the palace (bottom), drawings, c.1819, Stadtarchiv Hannover

Under Laves's supervision, Hanover was to establish itself as one of the centres of neoclassicism in northern Germany in the coming decades. Alongside his major work, the Hanover Opera House, built between 1845 and 1852 as the court theatre, this development is characterized above all by Laves's city-planning projects, such as the Waterlooplatz and the extensive enlargements, as a result of which the urban area almost doubled in size during his nearly 50 years in the job.

Laves had taken up his studies in 1804 at the Kurfürstlich Hessische Kunstakademie in Kassel, where his uncle Heinrich Christoph Jussow (1754–1825) was principal. After a time at the University of Göttingen, he had his first work experience in Kassel, then the capital of the short-lived 'kingdom

Unter diesen Vorzeichen wurde im Jahr 1814 Georg Ludwig Friedrich Laves (1788–1864) als Hofbau-verwalter eingestellt, der dem Schloss schließlich weitgehend die Gestalt verlieh, die es bis zu sei-ner Zerstörung 1943 behielt und die nun dank der Rekonstruktion seiner klassizistischen Fassaden auch heute wieder erlebbar ist.

Unter Laves' Leitung sollte sich Hannover in den nächsten Jahrzehnten als eines der Zentren des Klassizismus in Norddeutschland etablieren. Neben seinem Hauptwerk, dem 1845 bis 1852 als Hof-theater errichteten hannoverschen Opernhaus, prägen diese Entwicklung vor allem Laves' städte-bauliche Projekte, wie die Anlage des Waterlooplatzes und die umfangreichen Stadterweiterungen, durch die sich die bebaute Fläche der Residenzstadt während seiner fast fünfzigjährigen Tätigkeit nahezu verdoppelte.

Studiert hatte Laves ab 1804 an der Kurfürstlich Hessischen Kunstkademie in Kassel, die von seinem Onkel Heinrich Christoph Jussow (1754–1825) geleitet wurde. Nach einem Aufenthalt an der Göttinger Universität machte er seine ersten beruflichen Erfahrungen am Hof Jérôme Bonapar-tes und in der Kasseler Bauverwaltung, bevor er 1814 mit einem Stipendium des hannoverschen Hofes eine dreizehnmonatige Studienreise nach Italien und Frankreich unternahm. In Hannover stieg Laves bis zum Oberhofbaudirektor auf und wurde so zum einflussreichsten Architekten im Königreich, dessen Verbindungen jedoch weit über das Territorium hinausgingen. Er stand in Kon-takt mit führenden Architekten der Zeit, wie dem bayerischen Hofarchitekten Leo von Klenze (1784–1864), den er bereits aus Kassel kannte, Karl Friedrich Schinkel (1781–1841) in Berlin und dem Darmstädter Hofbaudirektor Georg Moller (1784–1852).

Abb. 12 Das neue Schloss Herrenhausen von der Gartenseite. Die Flügel grenzen an die erhaltenen barocken Elemente Grotte (links) und Kaskade (rechts). | Fig. 12 The new Schloss Herrenhausen from the garden. The wings border on the surviving Baroque elements: the Grotto (left) and Cascade (right).

of Westphalia', whose king was Napoleon's brother Jérôme Bonaparte (r. 1807–1813), before taking advantage of a grant from the Hanoverian court in 1814 to undertake a 13-month study trip to Italy and France. In Hanover, he eventually became *Oberhofbaudirektor* (roughly: director of public works), and thus became the kingdom's most influential architect, with connexions reaching far beyond the territory's borders. He was in contact with leading architects of the period, such as the Bavarian court architect Leo von Klenze (1784–1864), whom he knew from Kassel, Karl Friedrich Schinkel (1781–1841) in Berlin, and the director of public works in Darmstadt, Georg Moller (1784–1852).

In 1819, following the rejection of his design, conceived immediately on his return from Italy, for a huge new palace near the city end of the Herrenhäuser Allee, Laves was commissioned to develop a major rebuilding project for Herrenhausen (fig. 9) by the viceroy, the Prince Regent's younger brother Adolf Frederick, Duke of Cambridge (1774–1850), who resided in Hanover from time to time. Laves's intention was to build a whole new wing between the two ends of the garden wings, which would be primarily taken up by a large ballroom and two dining rooms. He saw this proposal expressly as the starting point for a later demolition of the old parts of the palace, with the goal of eventually building an entirely new palace, which would have been an appropriate architectural reference point for the Great Garden. As lengthy periods of residence in Hanover by the king were not considered likely, however, the expensive project was not approved. It is doubtless no coincidence that the design bears a marked similarity to Carlton House, substantially rebuilt in the 1790s by Henry Holland as the London residence of the Prince of Wales (later Prince Regent), above all in respect of the projecting hexastyle Corinthian portico. In July 1816, Laves had seen this house in London's Pall Mall with his own eyes, and he drew up his designs for the future king of Hanover very much with this in mind.

Of the extensive proposals drawn up by Laves for Herrenhausen, the only one actually carried out in 1819 was the reshaping of the façades in what was then the modern style; their new appearance has been retained in the present reconstruction, which is true to the original (fig. 10,12).

What Laves found when he started work was a two-storey, smoothly rendered main building with a high hipped roof, its façades symmetrically structured on the north and south sides by a regular sequence of door and window bays. Above each of the five central bays was a mezzanine floor topped by a shallow gable. The three middle window bays emphasized the centre with the porte-cochère on the ground floor and, above it, the main hall, which was additionally accented on the north side by a balcony and on the south side by a double flight of steps leading to the garden. The main wing was supplemented by single-storey buildings with roof terraces in front of it, next to the north corners (fig. 13).

Nachdem sein direkt nach der Rückkehr aus Italien konzipierter Entwurf für ein riesiges neues Residenzschloss nahe dem stadtseitigen Ende der Herrenhäuser Allee nicht aufgegriffen wurde, entwickelte Laves im Januar 1819 im Auftrag des zeitweise in Hannover residierenden Vizekönigs Adolf Friedrich Herzog von Cambridge (1774–1850), des jüngeren Bruders des Prinzregenten, für Herrenhausen ein großes Neubauprojekt (Abb. 9). Der Hofbauverwalter beabsichtigte zwischen den Kopfenden der Gartenflügel die Errichtung eines ganz neuen Schlosstrakts, der vorrangig einen großen Ballsaal und zwei Speisesäle aufnehmen sollte. Laves sah diesen Vorschlag ausdrücklich als Ausgangspunkt für einen späteren Abbruch der alten Schlossflügel mit dem Ziel eines kompletten Neubaus, der einen angemessenen architektonischen Bezugspunkt für den Großen Garten hätte bilden können. Da jedoch mit länger andauernden Aufenthalten des Herrschers in Hannover kaum gerechnet werden konnte, war das aufwendige Bauvorhaben nicht durchzusetzen. Sicher nicht zufällig ist die Ähnlichkeit des Entwurfs vor allem hinsichtlich des gartenseitig zentral vorgelagerten, sechssäuligen korinthischen Portikus mit der Erscheinung von Carlton House, dem in den 1790er-Jahren von Henry Holland gestalteten Londoner Wohnsitz des Prinzregenten. Im Juli 1816 hatte Laves den Palast Georgs IV. an der Londoner Pall Mall selbst in Augenschein genommen und sich mit seinen hannoverschen Entwürfen für den zukünftigen König deutlich an diesem Vorbild orientiert.

Zur Ausführung kam von den umfangreichen Vorschlägen, die Laves für Herrenhausen erarbeitet hatte, 1819 vorerst nur die zeitgemäße Überformung der Fassaden, deren ursprüngliches Erscheinungsbild in der originalgetreuen Rekonstruktion wieder anschaulich wird (Abb. 10, 12).

Was Laves zu Beginn seiner Arbeit vorfand, war ein glatt verputzter, von einem hohen Walmdach bedeckter, zweigeschossiger Hauptbau, dessen Fassaden im Norden wie im Süden durch eine regelmäßige Reihung von Tür- und Fensterachsen symmetrisch gegliedert wurden. Über den mittleren fünf Achsen erhob sich jeweils ein von einem flachen Giebel bekröntes Mezzaningeschoss. Die drei mittleren Fensterachsen betonten das Zentrum mit der Durchfahrtshalle im Erdgeschoss und dem darüber liegenden Hauptsaal, der zusätzlich an der Nordseite durch einen Balkon und an der Südseite durch eine zum Garten leitende doppelläufige Freitreppe akzentuiert wurde. Eingeschossige Vorbauten mit begehbaren Dachterrassen an den nördlichen Eckbereichen erweiterten den Haupttrakt (Abb. 13).

Laves gelang es, diesem additiv wirkenden Baukomplex mit einfachen Maßnahmen ein einheitliches und zeitgemäßes Erscheinungsbild zu verleihen. Auf welche Weise er die äußere Gestalt des Schlosses veränderte, zeigen anschaulich die überlieferten Entwurfszeichnungen des Hofbaumeisters (Abb. 11). Das wichtigste Gestaltungsmittel war hierbei das durchlaufende, eine Quaderung nachahmende Fugennetz, das er auf allen Fassadenflächen anbringen ließ. In verschiedenen Entwurfsstadien

Abb. 13 Blick von Osten auf die Freitreppe zum Garten und den Seitenflügel mit Dachterrasse und Dachpavillon | Fig. 13 View from the east of the exterior staircase to the garden and the side wing with roof terrace and roof pavilion

Abb. 14 Der Mittelrisalit über der Freitreppe zum Garten. Im Süd-
giebel verweisen die Buchstaben R und G unter der Krone auf König
Georg IV. I Fig. 14 The central risalit above the staircase to the
garden. In the south pediment the letters G and R represent the
royal cipher of King George IV.

Laves succeeded in using simple means to lend this accretive-looking complex a unified and modern look. The surviving drawings show clearly how he changed the outward appearance of the palace (fig. 11): the most important design element was the network of 'joins' that he applied to the
rendering of all the façades in imitation of stonework. At earlier stages of the design, he had considered leaving the rendering of the upper storey smooth, but historic photographs prove that here,
too, shallow grooves were carved in the plasterwork. Further visual cohesion was created by a
sandstone socle running all the way round the ground floor, and by a broad cornice separating the
storeys, the top of which was at the level of the bottom of the upper-storey windows. This concealed
the projection of the upper storey resulting from the old-fashioned timber-frame construction of the
palace, and at the same time guided the eye to the wooden balustrades above the side wings, which
were at the same height. In this way, Laves gave the palace a composed and solidly based structure,
whose effect also came across well vis-à-vis the extensive garden. This impression was enhanced
by the addition of further cornices and the striking ledges above the frames of the upper-storey
windows.

Particularly impressive is the effect created by the placing of a tall superstructure, surrounded
by a projecting cornice, in front of the old roof: the addition of this attic, a rendered, timber-framed
structure, made the whole building look much longer, although its actual dimensions were not
changed at all.

A further important alteration to the two main façades was the slimming down of the former five-
bay central pediment to the three bays of the hall, as a result of which the palace's most important
stateroom was also reflected on the exterior (fig. 14). The central portals of the hall were further
accented by triangular pediments. The centre of the façade now became a slightly projecting risalit,
and thus took on substantially more importance.

Laves's façade design did not alter the orientation to the central axis, and consequently, neither
the north nor the south side could be clearly identified as the back or the front (fig. 17, 20). Even
so, the north façade, facing the main courtyard, is differentiated from the garden front in various
ways, in the design of the central risalit in particular.

The risalit on the north front was crowned by a triangular pediment, whose internal field con-
tained a low relief of the royal arms of the time, namely the shield of the United Kingdom of Great
Britain and Ireland, with, in the centre, a small shield with the arms of the Kingdom of Hanover, the
whole supported by the Lion and Unicorn for England and Scotland (fig. 14). Behind the pediment,
Laves placed an attic storey with four statues (fig. 11, 17), a motif probably based on the Museum
Fridericianum in Kassel (where he had studied), built between 1769 and 1779 by Simon Louis du Ry

hatte Laves zunächst vorgesehen, den Verputz der Obergeschossfassaden glatt zu belassen, doch belegen historische Fotografien, dass schließlich auch hier flache Fugenritzungen ausgearbeitet wurden. Weiteren optischen Zusammenhalt schufen der dem Erdgeschoss umlaufend vorgeblendete Sandsteinsockel sowie ein breites geschosstrennendes Gesimsband, auf dem die Fenster des Obergeschosses aufsaßen. Dieses überspielte die von der altertümlichen Fachwerkkonstruktion des Schlosses herrührende Vorkragung des oberen Stockwerks und griff zugleich die Höhe der hölzernen Balustaden über den Seitenflügeln auf. Laves gab dem Schloss auf diese Weise eine ruhige und breit gelagerte Struktur, die ihre Wirkung auch gegenüber der weiten Gartenfläche gut entfalten konnte. Verstärkt wurde dieser Eindruck durch die Einfügung weiterer Gesimse und die durchlaufende Reihung der kräftigen, geraden Verdachungen über den Rahmungen der Obergeschossfenster.

Besonders eindrucksvoll ist der Effekt, den die Aufsetzung eines hohen, von einem weit ausladenden Gesims umzogenen Aufbaus vor dem alten Dach bewirkt hat. Durch die Ergänzung dieser in verputztem Fachwerk ausgeführten Attika trat der Gesamtbau nun deutlich langgestreckter in Erscheinung, obwohl sich an seinen tatsächlichen Ausmaßen nichts geändert hatte.

Eine weitere wesentliche Umgestaltung der beiden Schaufassaden betraf den Rückbau der ehemals fünfachsigen Mittelgiebel auf die drei Achsen des Saales, wodurch der wichtigste Repräsentationsraum des Schlosses auch am Außenbau ablesbar wurde (Abb. 14). Die mittleren Portale des Saales erhielten zudem eine Akzentuierung durch bekrönende Dreiecksgiebel. Anders als zuvor war das Zentrum der Fassaden nun als leicht vorspringender Risalit gestaltet und erhielt somit nochmals deutlich mehr Gewicht.

Laves Fassadenentwurf war weiterhin auf die mittlere Wegachse bezogen und damit nach Norden und Süden hin orientiert, sodass am Schloss keine klare Vorder- oder Rückseite auszumachen ist (Abb. 17, 20). Dennoch sind die sich zum Ehrenhof öffnende Nordfassade mit dem Haupteingang und die Gartenfront durch eine unterschiedliche Gestaltung insbesondere des Mittelrisalits charakterisiert.

Der nördliche Risalit wurde von einem Giebeldreieck bekrönt, dessen inneres Feld ein Flachrelief mit den Wappen des Königreichs Hannover zeigte, das von einem Löwen, Symbol für England, und einem für Schottland stehenden Einhorn gehalten wurde (Abb. 14). Den Giebel hinterlegte Laves zusätzlich mit einer überhöhten und von vier Statuen besetzten Attika (Abb. 11, 17), ein Motiv, mit dem er sich vermutlich an dem zwischen 1769 und 1779 von Simon Luis Du Ry (1726–1799) errichteten Museum Fridericianum in seinem Studienort Kassel orientierte. Angesichts der beigegebenen Attribute dürfte es sich bei den aus Blei gefertigten Attika-Figuren um Darstellungen der griechischen Gottheiten Apoll, Artemis, Demeter und Hermes gehandelt haben.

Abb. 15 Das Giebelfeld an der Nordfassade mit dem Wappen des Königreichs Hannover | Fig. 15 The pediment of the north façade with the arms of the kingdom of Hanover

Abb. 16 Detail der Fassade: Die Putzflächen zeigen Fugen-
quaderung, die Fensterbedachungen setzen plastische Akzente. |
Fig. 16 Detail of the façade: the rendered surfaces have lines
simulating joins between 'stones', while the cornices above the
windows lend plasticity.

(1726-1799). In view of their attributes, the attic figures, made of lead, probably represented the Greek deities Apollo, Artemis, Demeter and Hermes.

A projecting wooden balcony in front of the upper-storey hall allowed the latter to come across as the end point of the main paths leading to the palace from the side. The design of the balustrade corresponded to that of the balustrades on the roofs of the side wings, and integrated the balcony into the now consistent structuring of the storeys.

The shallow, central risalit of the garden front was also crowned by a triangular pediment, in the middle of which was the royal cipher framed by a wreath of leaves (fig. 15). The dominant motif of the garden front was a massive double flight of steps, made of sandstone, in front of the risalit. With its two curved flights and stone flanks, it gave direct access from the hall to the garden; its base section survived the war and is still extant (fig. 23). Between the two flights was a passage leading to the foyer on the ground floor, which was framed by two tall, round-arched niches. Four Doric pilasters flanking the entrance and the niches also served to bear the beams of the upper landing of the steps.

Just as in his non-executed design for an entirely new palace for Herrenhausen, Laves took his bearings for the remodelling of the palace façades from English neoclassicism. Thus the total look betrays the influence of the 1790 design by Sir John Soane (1753-1837) for Buckingham House (since demolished and not to be confused with the Buckingham House that became Buckingham Palace), which, like George IV's Carlton House, was also in Pall Mall, and is thus likely to have been familiar to Laves from his visit to London. For individual details of the design, though, such as the frames of the upper-storey windows and the shapes of the balcony columns, the role model was the Roman Renaissance architect Giacomo Barozzi da Vignola (1507-1573).

In any case, Laves succeeded in transforming the building, which after the loss of its Baroque decoration looked rather bare, into a reticently elegant residence once more, which with its austere neoclassical façades and the stylistic recourse to English models gave fitting expression to the dignity of the royal House of Hanover.

It was Laves's eventual goal to give all the buildings in the Herrenhausen complex a uniform face. Thus the Orangery, Schloss Monbrillant to the north of the Herrenhäuser Allee, and the Fürstenhaus to the west of the Great Garden were given a render treated to look like stone. With the garden manager's house in the Berggarten (Hill Garden), built to the north of the palace from 1817, and now the Library Pavilion, and the Royal Mausoleum, completed in 1847, he also created striking end points for the most important routes and lines of sight, namely the Herrenhäuser Allee and the central axis of the Great Garden, on the latter of which the Mausoleum functioned as the northern 'response' to the palace.

Ein weit ausladender hölzerner Balkon vor dem Obergeschosssaal ließ diesen als deutlichen Zielpunkt der seitlich auf den Schlosshof führenden Hauptwege in Erscheinung treten. Die Ausbildung des Geländers entsprach den Balustraden über den Seitenflügeln und band den Balkon in die nun konsequent akzentuierte Geschossgliederung ein.

Auch der flache Mittelrisalit der Gartenfassade war von einem Dreiecksgiebel überfangen, dessen Mitte das von einem Laubwerkkranz eingefasste, bekrönte Monogramm des Königs zeigte (Abb. 15). Beherrschendes Motiv der Gartenfassade war eine dem Risalit vorgelagerte massive Sandsteintreppe mit zwei geschwungenen Läufen und gequaderten Flanken, die einen direkten Zugang vom Saal in den Garten ermöglichte und deren Unterbau noch heute erhalten ist (Abb. 23). Zwischen den beiden Läufen öffnete sich der Durchgang ins Erdgeschossfoyer, der von zwei hohen Rundbogennischen eingefasst war. Vier dorische Pilaster, die den Eingang und die Nischen flankierten, trugen zugleich das Gebälk des oberen Treppenpodestes.

Ebenso wie in seinem nicht zur Ausführung gekommenen Herrenhäuser Neubauentwurf orientierte sich Laves auch bei der Umformung der Schlossfassaden an architektonischen Vorbildern des englischen Klassizismus. So scheint deren Gesamtgestalt beeinflusst zu sein von John Soanes (1753–1837) ab 1790 errichteten Buckingham House, das sich wie das Carlton House Georgs IV. in der Londoner Pall Mall befand und Laves daher von seiner Englandreise her bekannt gewesen sein dürfte. Für einzelne Detailformen wiederum, wie die Rahmungen der Obergeschossfenster oder die Schmuckformen der Balkon-Säulen, standen die Bauten und Publikationen des römischen Renaissancearchitekten Giacomo Barozzi da Vignola (1507–1573) Pate. Auf jeden Fall war es dem Hofbaumeister gelungen, das nach Einbuße seines barocken Schmucks überaus schlicht anmutende Bauwerk wieder in eine zurückhaltend elegante Residenz zu verwandeln, die mit ihren strengen klassizistischen Fassaden und dem stilistischen Rückgriff auf englische Vorbilder die Würde des hannoverschen Königshauses angemessen zum Ausdruck brachte.

Es war Laves' Ziel, im Laufe der Zeit allen Architekturen in Herrenhausen ein vereinheitlichtes Gesicht zu geben. So erhielten auch die Orangerie, das nördlich der Herrenhäuser Allee gelegene Schloss Monbrillant und das Fürstenhaus westlich des Großen Gartens ein gequadertes Putzkleid. Mit der ab 1817 errichteten Gartenmeisterwohnung, dem heutigen Bibliothekspavillon, im nördlich des Schlosses angelegten Berggarten und dem 1847 fertiggestellten königlichen Mausoleum schuf er zudem markante Zielpunkte für die wichtigsten Blick- und Wegachsen, die Herrenhäuser Allee und die Mittelachse des Großen Gartens, auf der das Mausoleum als nördlicher Gegenpol des Schlosses wirkte.

Abb. 17 Die Nordfassade von Schloss Herrenhausen mit dem Hauptportal zum Ehrenhof vor der Zerstörung, Fotografie von 1926, Hannover, Niedersächsisches Landesamt für Denkmalpflege I Fig. 17 The north front of Schloss Herrenhausen with the portal on the main courtyard before the palace was destroyed. Photograph taken before 1926, Hanover, Niedersächsisches Landesamt für Denkmalpflege

Abb. 18 Die Nordfassade kurz vor der Vollendung des Wieder-aufbaus im Januar 2013 | Fig. 18 The north front shortly before completion of reconstruction work in January 2013

In his later projects, such as the conversion of the Leineschloss, and the Wangenheim Palais on the Friedrichswall in Hanover, Laves repeated and monumentalized selected details that had been important in the redesign of Schloss Herrenhausen.

The imitation stonework, the pseudo-classical pediments, pilasters, ledges and entablatures come across on Laves's façades as if stuck on to a soberly cuboid body. The construction and the external form of a building were regarded in his day as independent categories. The 'disguise' character thus induced, which can be seen in many other buildings beside the palace, was not regarded by contemporaries as at all inferior. The idea that it is inferior, still widespread, comes from a later generation of architects who were not prepared to recognize neoclassical 'disguise' architecture as characteristic of its age.

Herrenhausen palace emerged in all its splendour after Laves's work was completed in 1819, but it was still another two years before the long-awaited visit of the king materialized. In October 1821, he eventually arrived: on a tour of his German possessions, George IV, crowned in London the previous year, spent three weeks in his ancestors' summer residence. As this was the first sojourn by an elector or king of Hanover for 66 years, extensive new furnishings were required in anticipation of the event. The king indeed had specifically instructed that 'Schloss Herrenhausen is to be made fully habitable and furnished, so that should We in the autumn perhaps make a journey to Our kingdom, We may rest assured that We shall find a palace habitable in every respect.' The renovation aimed unmistakably to imitate the English way of life. All the bedrooms were equipped with flush toilets and footbaths, and with facilities for making tea. In the process, Laves had to decide, room by room, as he wrote, whether the 'gilt plaster ceilings in the quaint over-exuberant style' should be retained, or whether the 'entire interior decoration should be renewed, and be replaced by a different style, more fitting to the present times'. The central ground-floor hall was given a thorough makeover; Laves transformed it into a neoclassical foyer with a coloured stone floor and a ceiling supported by double Doric grooved pillars, its finely gradated coffering running diagonal to the sides of the room (fig. 19). Two paintings by the court painter Johann Heinrich Ramberg (1763–1840) (better known for his drawings and caricatures) were integrated into the wall surfaces, which were structured by pairs of pilasters; the pictures glorified George IV as a patron of culture and the arts. Laves equipped the first-floor walls of the main staircase to the south-west with Ionic pilasters and entablatures, while in the Hall on the first (and main) floor, the walls and ceiling were structured in a complex manner using the heavily plastic forms of the French Empire style. Frames for older pictures surrounded by neoclassical foliage alternated with wall spaces decorated with turned tendril work derived from the style, dominant in England, of Robert Adam. The king's own apart-

Wesentliche der für die Gestaltung des Herrenhäuser Schlosses gewählten Detailformen wiederholte und monumentalisierte Laves bei seinen späteren Bauten wie dem Wangenheim-Palais am hannoverschen Friedrichswall oder bei der Umgestaltung des Leineschlosses.

Quaderung und antikisierende Giebel, Pilaster, Verdachungen und Gebälke wirken bei Laves' Fassaden wie auf einen sachlich-kubischen Baukörper appliziert. Konstruktion und äußere Form wurden zu seiner Zeit als eigenständige Kategorien des Bauens betrachtet. Der hierdurch bedingte Verkleidungscharakter, der neben dem Schloss auch vielen anderen Bauten von Georg Ludwig Friedrich Laves zu eigen ist, wurde von Zeitgenossen jedoch keineswegs als minderwertig angesehen. Die noch heute verbreitete negative Bewertung stammt von späteren Architektengenerationen, die nicht bereit waren, die klassizistische Verkleidungsarchitektur als zeitbedingte Qualität anzuerkennen.

Abb. 19 Blick in die 1820 von Laves umgestaltete Eingangshalle des Schlosses mit einem Gemälde von Johann Heinrich Ramberg, Fotografie von 1926, Hannover, Niedersächsisches Landesamt für Denkmalpflege I Fig. 19 The entrance hall of the palace as redesigned by Laves in 1820, with a painting by Johann Heinrich Ramberg, photograph dating from 1926, Hanover, Niedersächsisches Landesamt für Denkmalpflege

Abb. 20 Schloss Herrenhausen, Blick von Südwesten, Fotografie um 1938, Historisches Museum Hannover | Fig. 20 Schloss Herrenhausen, view from the south-west, photograph c.1938, Historisches Museum Hannover

ment was decorated with wall hangings of coloured silk, along with ceiling paintings to designs by Laves himself.

George IV's visit remained a one-off. It was only after the dissolution of the 123-year personal union of the realms with the accession of Queen Victoria in Britain and Ernest Augustus (r. 1837–1851) in Hanover that Herrenhausen was once again used for purposes of display and prestige for a while, although the king preferred to spend the summer months in other residences. While his successor and last king of Hanover, Georg V (r. 1851–1878), ordered a rebuilding primarily of the side wings by court architect Heinrich Schuster in 1858, during his reign, Laves's clearly, and in 1852 most recently, expressed wishes for a completely new building were never fulfilled. The palace, decently restored, did though serve the royal family for a few years as a regular summer residence once more.

Als das Herrenhäuser Schloss nach Abschluss der Arbeiten durch Laves 1819 in neuem Glanz erstrahlte, sollte es noch zwei Jahre bis zum lange erwarteten Besuch des Königs dauern. Im Oktober 1821 war es dann endlich so weit. Auf einer Reise durch seine deutschen Staaten wohnte der im Vorjahr gekrönte Georg IV. für drei Wochen in der Sommerresidenz seiner Vorfahren. Da dies der erste Aufenthalt eines Landesherrn nach 66 Jahren war, wurden zur Vorbereitung umfangreiche Neuausstattungen notwendig. Entsprechend hatte der König Anweisung gegeben, »dass das Schloss zu Herrenhausen völlig wohnbar gemacht und meublirt werde, damit Wir, im Fall Wir vielleicht im Spätjahr noch eine Reise in Unser dortiges Königreich vornehmen sollten, Uns versichert halten dürfen, ein in jeder Hinsicht wohnbares Schloss vorzufinden.« Die Renovierung zielte unverkennbar auf die Nachahmung englischer Lebensart. Alle Schlafzimmer erhielten nun Spültoiletten und Fußbadekübel sowie eine Gelegenheit zur Teezubereitung. Anlässlich der Instandsetzung musste Laves Zimmer für Zimmer abklären, ob die, wie er schrieb »in altfränkischem überladenem Style vergoldeten Stuckdecken« beibehalten oder die »ganze innere Decoration erneuert und in einen anderen, für das jetzige Zeitalter passendem Style geformt werden« sollte. Eine durchgreifende Umgestaltung erfuhr die zentrale Erdgeschosshalle, die Laves in ein klassizistisches Foyer mit farbigem Steinfußboden und einer von gedoppelten, kannelierten Säulen dorischer Ordnung getragenen Decke umwandelte, deren fein gestufte Kassettierung diagonal zum Raum verlief (Abb. 19). In die von doppelten Pilastern gegliederten Wandflächen wurden zwei Gemälde des vorrangig als Zeichner und Karikaturist bekannten Hofmalers Johann Heinrich Ramberg (1763–1840) integriert, auf denen Georg IV. als Förderer von Kunst und Kultur Verherrlichung fand. Die Wände des südwestlich anschließenden Haupttreppenhauses versah Laves im Obergeschoss mit ionischen Pilastern und Gebälk, während im Hauptgeschoss der Saal an den Wänden und an der Decke eine komplexe Feldergliederung in den stark plastischen Formen des französischen Empire erhielt. Mit klassizistischen Laubwerksträngen umgebene Rahmen für ältere Gemälde wechselten hier mit Wandfeldern, die mit gedrehtem Rankenwerk in Anlehnung an den in England prägenden Stil Robert Adams dekoriert waren. Das Appartement des Königs wurde mit Wandbespannungen aus farbiger Seide und Deckengemälden nach Entwürfen von Laves ausgestattet.

Der Besuch König Georgs IV. blieb ein Einzelfall. Erst als mit dem Regierungsantritt König Ernst Augusts (reg. 1837–1851) die 123-jährige Personalunion zwischen England und Hannover zu Ende ging, wurde Herrenhausen wieder zeitweilig für repräsentative Zwecke genutzt, wenngleich der König seinen sommerlichen Aufenthalt bevorzugt in anderen Schlössern nahm. Zwar veranlasste

Abb. 21 Mit dem Wiederaufbau von Schloss Herrenhausen hat der Große Garten seinen zentralen architektonischen Bezug zurückerhalten; Luftaufnahme vom Sommer 2012 | Fig. 21 With the reconstruction of Schloss Herrenhausen, the Great Garden has regained its central architectural focus; aerial photograph, summer 2012

sein Nachfolger Georg V. (reg. 1851–1878) als letzter König von Hannover 1858 erneut einen vorrangig die Seitenflügel betreffenden Umbau des Herrenhäuser Schlosses durch den Hofbaumeister Heinrich Schuster, doch wurden auch unter seiner Regierung die zuletzt 1852 deutlich geäußerten Hoffnungen des inzwischen zum Oberhofbaudirektor aufgestiegenen Laves auf einen kompletten Neubau nicht erfüllt. Das instand gesetzte Schloss diente der königlichen Familie nun jedoch wieder für einige Jahre als regelmäßige Sommerresidenz.

Von der Annexion Hannovers bis zur Zerstörung

Nur zwei Jahre nach Laves' Tod wurde Hannover 1866 von Preußen annektiert, und die königliche Familie begab sich nach Österreich ins Exil. Fortan stand das Herrenhäuser Schloss leer und war auch nicht öffentlich zugänglich. Drei Jahre nachdem das von Preußen konfiszierte Vermögen der Welfen 1933 wieder der Familie zugesprochen wurde, veräußerte diese den Großen Garten an die Stadt Hannover. Im Zuge der Instandsetzung der Gartenanlagen wurde 1937 auch das Herrenhäuser Schloss einer Renovierung unterzogen und ein Teil der Innenräume von der Verwaltung des Gesamthauses Braunschweig-Lüneburg der Öffentlichkeit als Museum zugänglich gemacht. Für wenige Jahre erstrahlten Schloss und Garten nun wieder in neuem Glanz (Abb. 20), der jedoch jäh endete, als Bomben in der Nacht vom 18. auf den 19. Oktober 1943 die gesamte Anlage in Schutt und Asche legten. Das Schloss brannte nieder. Zunächst standen noch Teile der Seitenflügel aufrecht, doch waren auch diese so stark zerstört, dass sie später abgebrochen werden mussten. Lediglich die von Laves errichtete steinerne Freitreppe überstand den Krieg in ihrer Grundsubstanz und wurde 1965 an das Südende des Parterrebereichs des Großen Gartens versetzt, wo sie gegenüber der Grotte Aufstellung fand (Abb. 23).

Pflanzen überwucherten die Schuttberge, bis im Vorfeld der für das Jahr 1966 geplanten Dreihundertjahrfeier der Schloss- und Gartenanlagen das Terrain planiert wurde (Abb. 22). In diesem Zusammenhang entschied man sich auch für den Abbruch der Wacht- und Bedienstetenhäuser am Ehrenhof, die den Krieg erstaunlicherweise weitgehend unbeschadet überstanden hatten. Damit war das Schlossgrundstück in den Zustand gebracht, der bis 2010 Bestand hatte. Breite Grandwege umfassten hier eine mittlere Rasenfläche, ohne dass die Gestaltung die ehemalige Lage des Schlosses ablesbar gemacht hätte. Fortan fehlte die architektonische Fassung, die das Schloss dem Garten an seiner Nordseite geboten hatte und die zuvor von Norden und Süden auf den Hauptbau im Zentrum der Gesamtanlage bezogenen Blickachsen liefen von der Großen Fontäne bis zum Mausoleum im Norden durch, sodass die formale und inhaltliche Lücke, die mit der Zerstörung des Schlosses entstanden war, deutlich fühlbar war.

Abb. 22 Luftaufnahme des nördlichen Bereichs des Großen Gartens mit dem leeren Schlossgrundstück (links), der Baustelle des Arne-Jacobsen-Foyers und dem Galeriegebäude mit dahinter liegender Orangerie (rechts), Fotografie von 1965, Historisches Museum Hannover | Fig. 22 Aerial view of the north part of the Great Garden with the area occupied by the palace lying empty (left), the construction site of the Arne Jacobsen Foyer, and the Galerie building with the Orangery to the rear (right), photograph taken in 1965, Historisches Museum Hannover

Abb. 23 Das Schlossareal mit den Resten der Freitreppe nach der Zerstörung im Oktober 1943, Blick von Südosten, Fotografie von 1943, Historisches Museum Hannover | Fig. 23 The palace site with the remains of the exterior staircase after the destruction of the palace in October 1943, view from the south-east, photograph dating from 1943, Historisches Museum Hannover

From the annexation of Hanover to the destruction of the palace

Only two years after Laves's death in 1864, Hanover was annexed by Prussia and the royal family forced into exile in Austria. From then on, Herrenhausen palace stood empty, nor was it accessible to the public. After the assets of the Welfs, confiscated by the Prussians, were restored to the family in 1933, they sold the Great Garden to the city of Hanover three years later. While the restoration of the garden was under way, the palace was also renovated, and some of the rooms were opened to the public by the administrators of the estate of the House of Brunswick-Lüneburg. For a few years, the palace and garden shone in renewed splendour once more (fig. 20), but this came to an abrupt end when, in the night of 18/19 October 1943, the whole complex was reduced to rubble in an air raid. The palace burned to the ground. At first, parts of the side wings were left standing, but these, too. were so badly damaged that they had later to be demolished. Only Laves's stone steps survived the war structurally unharmed, and in 1965 were moved to the south end of the flower-bed section of the Great Garden, opposite the Grotto (fig. 23).

The mountains of rubble were soon overgrown, until in the run-up to the planned celebrations for the tercentenary of the complex in 1966 the terrain was levelled (fig. 22). In this connexion, it was decided to demolish the guardhouses and servants quarters on the main courtyard, which astonishingly had survived the war almost intact. Thus the complex found itself in the state in which it remained until 2010. Broad paths enclosed a lawn, but the layout gave no clue to the former ground plan of the palace. The architectural setting that the palace had provided for the garden at the latter's north end was gone, and the lines of sight, which had previously led from north and south to the main building at the centre of the entire complex, now ran right from the Great Fountain to the Mausoleum in the north, so that the formal and thematic gap caused by the destruction of the palace could hardly be overlooked.

Zerstörung und Wiederaufbauideen 1943 bis 2007

Oliver Herwig

Schloss Herrenhausen wurde am 18. Oktober 1943 bei einem Luftangriff auf Hannover zerstört. Einzig Grotte, Große Kaskade und Freitreppe überstanden den Krieg. Wo sich der Sommersitz der hannoverschen Herzöge erhoben hatte, lag nun ein Trümmerhaufen. Im Großen Garten wurden Kartoffeln gepflanzt und Gemüsebeete angelegt. Doch bereits im Sommer 1945 regte der Architekt Otto Fiederling an, die Schlossreste durch landschaftspflegerische Maßnahmen zu kaschieren: Gestaffelte Baumgruppen und Hecken sollten sie gleichsam aus dem Blick der Besucher – und wohl auch dem Bewusstsein der Allgemeinheit – rücken.

Prägend für die unmittelbare Nachkriegszeit und die beginnenden 1950er-Jahre waren jedoch Versuche, dem Ort eine seiner Historie würdige Form zu verleihen – durch große architektonische Gesten. Diese kulminierten zunächst im Vorschlag des Stuttgarter Architekten Paul Bonatz, Kubatur und klassizistische Formensprache des Gebäudes durch ein »Schlosshotel Hannover« fortzuschreiben (Abb. 24). Bonatz, der auf Einladung von Stadtbaurat Rudolf Hillebrecht handelte, entwickelte einen dreigeschossigen langgestreckten Baukörper. Im Untergeschoss waren Foyer, Verwaltung und Gastronomie vorgesehen, in den beiden oberen Geschossen Gästezimmer; insgesamt ein Haus mit 220 Betten. Sogar an einen zweiten Bauabschnitt war gedacht. Anstelle der südlichen Flügelgebäude schlug Bonatz Wein- und Caféterrassen vor, dazu ein Schwimmbad. Das überaus groß dimensionierte Projekt scheiterte an Geldmangel, zugleich aber schien die Richtung sämtlicher künftiger Neubauprojekte vorgegeben: An diesem Ort musste Besonderes entstehen, ein öffentliches Gebäude, ein Museum etwa oder ein Ausstellungshaus. Dass hier etwas gebaut werden und die »Ruinenlandschaft« nicht der Natur überlassen werden sollte, stand fest.

Umso erstaunlicher, dass sich Ende der 1950er-Jahre ein Projekt unabhängig von konkreten baulichen Fragen entwickelte und dabei sogar den historischen Bezugsrahmen negierte – ein Ansatz, der auch die zeitgenössische Diskussion um figürliche oder abstrakte Darstellungsweisen in der bildenden Kunst prägte. 1959 brachten Karl Cravatzo und das Stadtplanungsamt eine gärtnerische

Destruction and Ideas for Restoration, 1943–2007

Oliver Herwig

Schloss Herrenhausen was destroyed on 18 October 1943 during an air raid on Hanover. The only structures to survive the war were the Grotto, the Great Cascade, and the double flight of steps leading to the first-floor balcony. Where the summer residence of the dukes, electors and kings of Hanover once stood, there was nothing but a pile of rubble. Potatoes and vegetables were planted in the Great Garden. But as early as the summer of 1945, the architect Otto Fiederling proposed landscaping the remains of the palace: in this way, echelons of groves and hedges would hide the yawning void from the gaze of visitors, and doubtless also shift it away from the public consciousness.

Characteristic of the immediate post-war period and the early 1950s were attempts to use sweeping architectural gestures to allow the location to live up to its history. These culminated at first in the proposal of the Stuttgart architect Paul Bonatz to renew the scale and the neoclassical formal vocabulary with a 'Schlosshotel Hannover' (fig. 24). Bonatz, who was acting at the invitation of City Building Officer Rudolf Hillebrecht, designed a long three-storey building; the ground floor was to contain a foyer, the management offices and a restaurant, while the two upper floors were reserved for the hotel rooms: an establishment with 220 beds. Thought was even given to a second building phase: Bonatz proposed replacing the south wing with wine and café terraces, plus a swimming pool. This grandiose project failed for lack of money, but at the same time the course seemed set for all future building projects on the site: whatever was built had to be something special – a public building, a museum, perhaps, or an exhibition building. No one doubted that something had to be built here; the ruins were not to be left to nature. It is all the more surprising, then, that the late 1950s saw the development not only of a project that brushed aside the specific questions regarding the use of potential buildings on the site, but one that actually negated the historic context. It reflected an approach that also marked the contemporary debate concerning abstraction and figuration in the visual arts.

In 1959, Karl Cravatzo and the city planning office put forward a garden solution: a sunken square with pools with a view of the Berggarten (Hill Garden), to which it would be linked by a

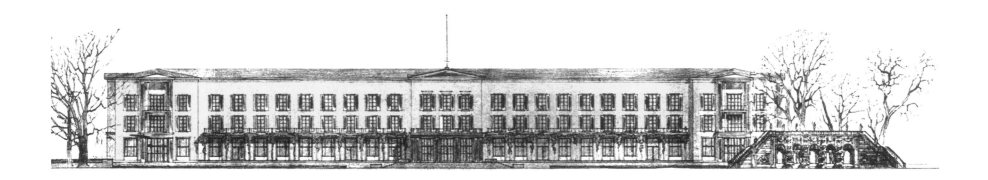

Abb. 24 Paul Bonatz, Entwurf für ein Schlosshotel, Ansicht von Süden, 1951 | Fig. 24 Paul Bonatz, design for a palace hotel, view from the south, 1951

Abb. 25 Stadtplanungsamt, Karl Cravatzo, Gärtnerisches Projekt, um 1960 | Fig. 25 City planning office, Karl Cravatzo, garden project, c. 1960

Lösung ins Spiel, einen abgesenkten Platz mit Wasserbecken und einem Sichtbezug zum Berggarten – mit dem er über eine Fußgängerunterführung unter der Herrenhäuser Straße verbunden werden sollte (Abb. 25). Cravatzo schlug vor, die Brache durch grüne Terrassen und Baumwände einzufrieden, wenn nicht im Grün aufzulösen. Auch diese Variante wurde verworfen mit dem überzeugenden Argument, dass »gartenarchitektonische Elemente nicht körperhaft genug« seien und es der »gebauten Form« bedürfe, um der »großen Achse einen angemessenen Abschluss zu geben«.

1961 änderte sich die Situation grundlegend. Herzog Ernst August zu Braunschweig und Lüneburg verkaufte das Schlossareal an die Stadt Hannover mit der Auflage, diese Anlagen »ihren Bürgern uneingeschränkt zur Verfügung zu stellen«. Er nahm damit nicht nur Abstand von eigenen kommerziellen Plänen, sondern knüpfte den Verkauf zugleich an die historisch verbriefte öffentliche Zugänglichkeit des Großen Gartens: Hieß es doch auf der 1777 angebrachten Gebotstafel am sogenannten Prinzentor, dass es »Jedermann erlaubt ist, sich im königlichen Garten eine Veränderung zu machen«, also den Park frei zu betreten. Der Verkauf vereinfachte die Lage nur formal. Noch immer war hier mehr gefordert, als eine Leerstelle zu füllen. Wenige Stimmen der Zeit votierten für einen Wiederaufbau des Schlosses – nach welchen Plänen auch und in welchem seiner baulichen Zustände? Nach wie vor schien ausgemacht, dass hier ein Neubau mit zeitgemäßen Mitteln entstehen würde. Nicht wenige Architekten und Gutachter vertraten im Übrigen die Ansicht, dass feudalistische Repräsentationsformen einer demokratischen Gesellschaft nicht angemessen seien. Wie aber sollten neue Nutzungen aussehen in einem Ensemble, das immer als herrschaftliche Anlage gedient hatte?

1965 reckten sich Stahlgerüste in den Himmel, schlanke Türme, die zeigen sollten, wie groß sie ausfallen würde, jene »Bella Vista«, die Arne Jacobsen zwei Jahre zuvor entworfen hatte (Abb. 26, 27).

HERRENHAVSEN
AVS DEM „GROSSEN GARTEN"
M:1 200

52,70

47,20

50,70

STADTPLANVNGSAMT HANNOVER
G. 19. VIII. 58

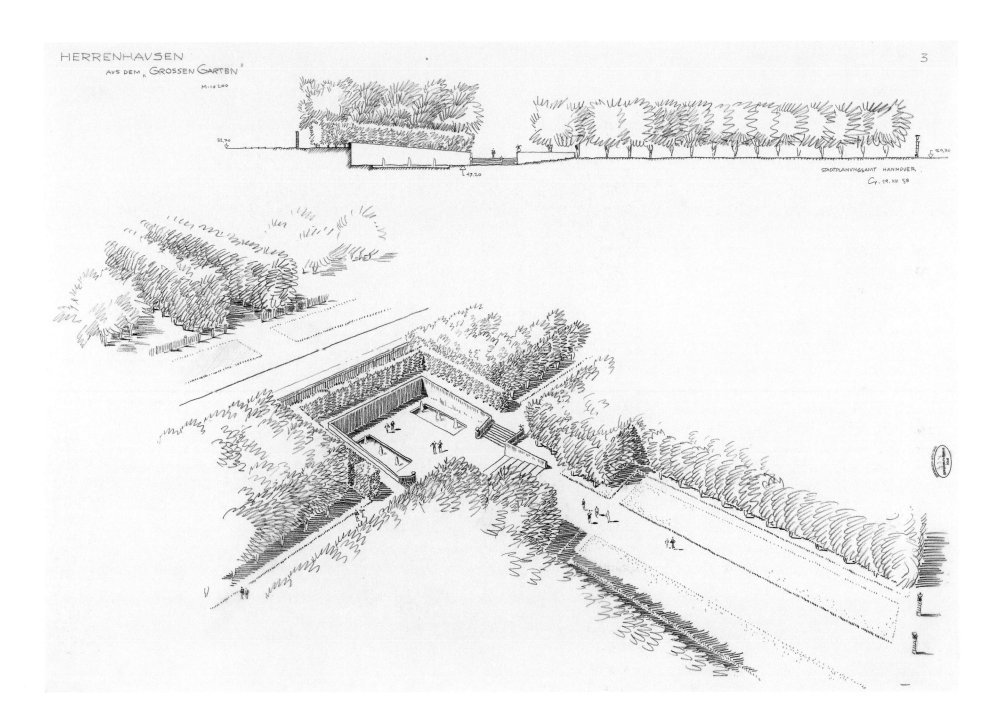

Abb. 26 Arne Jacobsen, »Bella Vista«, Modell, 1963 | Fig. 26 Arne
Jacobsen, 'Bella Vista', model, 1963

pedestrian subway leading under Herrenhäuser Strasse (fig. 25). Cravatzo proposed enclosing the
bomb site with terraces and high hedges, or greening it over. This variant was also rejected, on the
convincing grounds that the 'landscaping elements lacked body' and that a 'building' was needed
to 'give the major axes an appropriate finale'.

In 1961, the situation changed fundamentally. Duke Ernest Augustus of Brunswick-Lüneburg
sold the palace site to the city of Hanover on the condition that the complex would be 'opened to
the public without restrictions'. He thus not only rejected commercial plans for the site, but associated the sale at the same time with the historically guaranteed public accessibility of the Great
Garden, for after all, the plaque set up in 1777 on the gate known as the Prinzentor stated that 'all
persons are permitted to seek distraction in the royal garden'. The sale simplified the situation,
but only formally. More was still needed than just to fill a void. Few at the time advocated actually
rebuilding the palace. Which plans were to be used, and which version was to be recreated? It
continued to look as if a modern building would be erected here. Not least, quite a number of architects and others were of the opinion that feudal display was not appropriate to a democratic society.
But what sort of utilization was appropriate to an ensemble that had always served rulers as a
symbol of their rule?

In 1965, steel scaffolding was erected in the form of slim towers designed to give an impression of
the visual impact of the 'Bella Vista', designed by Arne Jacobsen two years earlier (fig. 26, 27). It
was a life-size mock-up, which, in spite of its filigree structure, nevertheless conveyed something of
the dimensions of this ambitious project. Jacobsen's concrete structure on plinths consciously rejected the scale demanded by the palace's history. The architecture of the two elegant but monumental dishes, one above the other, can only be understood as iconic: the expression of a modern
society, liberated from the ballast of history.

At the level of the piano nobile, there would have been seating for 250 guests in the café, and
from the upper dish, no fewer than 500 people could have enjoyed the view of the garden. A belvedere for the masses, and at the same time, through the clear rejection of the perspective historically
reserved for the ruler, a democratization of the view. Jacobsen's gesture in the context of 1960s'
Brutalism looks in retrospect like a breath of fresh air: it no longer aimed at harmonization of man
and nature, and in its superficial timelessness it was very much a phenomenon of its time. The city
building officer, Rudolf Hillebrecht, objected that 'for anyone attuned to the fine structure of the
garden' the building would come across 'as oppressive in its size and shape'. A heated debate broke
out, in consequence of which the project, ridiculed as a 'culinary pagoda between the royal tomb

Eine Proportionsstudie vermittelt trotz der filigranen Träger einen Eindruck von den Dimensionen dieses ehrgeizigen Projekts. Jacobsens aufgeständerter Betonbau verweigerte sich bewusst dem durch die Historie gebotenen Maßstab. Die Architektur der zwei elegant geformten, aber monumentalen Schalen kann nur zeichenhaft verstanden werden: als Ausdruck einer modernen, vom Ballast der Geschichte befreiten Gesellschaft.

Auf Höhe der Beletage hätten 250 Gäste im Café Platz nehmen und auf der Tribüne der oberen Schale sogar bis zu 500 Bürger die Sicht auf den Garten genießen können – ein Aussichtspunkt für viele. Zugleich hätte eine Demokratisierung des Blicks durch die deutliche Abkehr von der historisch dem Herrscher vorbehaltenen Perspektive stattgefunden. Jacobsens Geste im Kontext des sogenannten Brutalismus der 1960er-Jahre erscheint im Rückblick als Befreiungsschlag, der nicht länger auf Harmonisierung von Mensch und Natur zielte und in seiner scheinbaren Zeitlosigkeit sehr zeitbezogen war. Stadtbaurat Hillebrecht wandte ein, der Bau wirke »für den, der sich auf die Feinstruktur des Gartens eingestellt hatte, nach Größe und Form erdrückend«. Eine hitzige Debatte entbrannte, in deren Folge das als »kulinarische Pagode zwischen Königsgrab und Fontaine« verspottete Projekt unrealisiert blieb. Immer deutlicher wurde, dass dieser Ort nur durch Konsens, nicht durch große Gesten gerettet werden konnte.

Schließlich wurde Jacobsen doch noch beauftragt, wenn auch eher kompensatorisch. Der Däne errichtete 1966 am nördlichen Rand des Gartens einen fein gegliederten gläsernen Pavillon, ein Empfangsgebäude mit Garderobe, Lobby und Toilette für die angrenzende barocke Galerie, das ausgesprochen leicht und angenehm proportioniert wirkt (Abb. 28). Nachgerade entstand ein Flügelbau zu dem nicht mehr existierenden Schloss; dieser erhielt 1976 den BDA-Preis Niedersachsen und steht inzwischen selbst unter Denkmalschutz.

1979 kam Bewegung in die Diskussion: Ministerpräsident Ernst Albrecht bot im April an, das Schloss als Repräsentations- und Gästehaus der Landesregierung samt Museum und Café wiederaufzubauen. Das Angebot der Staatsregierung: 30 Millionen Mark Kostenübernahme. In den heftigen Diskussionen um das Zeitgemäße eines Wiederaufbaus verhärteten sich die Fronten. Landeskonservator Herbert Möller hatte erst ein Jahr zuvor erklärt, dass ein Baukörper auf dem Schlossplatz »Reflexion und Repräsentation« ausstrahlen müsse, das könne ein Wiederaufbau, aber auch ein moderner Neubau leisten. Zu einer Entscheidung kam es nicht, die Initiative des Ministerpräsidenten verlief im Sande.

In den folgenden zwei Jahrzehnten wurden erneut verschiedenste Nutzungsmodelle durchgespielt: Es entstanden Pläne für postmoderne Aussichtsplattformen, Cafés und biedere Kulturzentren, Hotelanlagen mit dramatischen Glaspyramiden, die an den Umbau des Louvre durch

Abb. 27 Proportionsstudie für Arne Jacobsens »Bella Vista«, 1965 | Fig. 27 Life-size dimensional study for Arne Jacobsen's 'Bella Vista', 1965

I. M. Pei denken ließen. 1996 schließlich konkurrierten ein skulpturales Ausstellungsgebäude mit zwei sichelförmigen Flügeln und eine in das wiedererrichtete Schloss integrierte Musikakademie. 1997 folgte der Wettbewerb um eine neue Gastronomie im Großen Garten, den die Architekten Schweger und Partner mit einer radikal zurückhaltenden Pavillon-Lösung für sich entschieden. Ein weiteres Jahrzehnt verging, bis 2007 endlich ein Akteur auftrat, der den Ort mit neuen Inhalten beleben wollte.

Abb. 28 Arne Jacobsen, Foyer, 1965/66 | Fig. 28 Arne Jacobsen, Foyer, 1965/66

and the fountain', was never executed. It was becoming ever clearer that this place could be rescued only by consensus, not by grand gestures.

Finally, Jacobsen did get a commission, albeit more a consolation prize. In 1966, he built a finely structured glass pavilion on the northern edge of the garden, a reception building for the adjoining Baroque gallery with cloakroom, lobby and toilets, which today comes across as amazingly airy and pleasantly proportioned (fig. 28). Thus the no longer extant palace got a wing that in 1976 was awarded the German Architects' Prize for Lower Saxony, and is now itself a protected heritage building.

In 1979, the debate took off once more: in April, the state premier, Ernst Albrecht, offered to rebuild the palace as prestige accommodation for official guests of the state government, which would contribute 30 million deutschmarks to the cost, together with a museum and café. In the heated discussions concerning the appropriateness of rebuilding the palace at all in the modern age, positions became entrenched. The state conservation officer, Herbert Möller, had only the year before declared that a building on the site of the old palace must emanate 'reflexion and prestige': this could be achieved by a restoration, but equally by a modern structure. In the event, nothing happened; no more was heard of Ernst Albrecht's initiative.

The following two decades saw the emergence of a whole variety of utilization proposals. Plans were drawn up for postmodern viewing platforms, cafés and worthy cultural centres, and hotel complexes with dramatic glass pyramids reminiscent of I. M. Pei's additions to the Louvre. Finally, by 1996, a sculptural exhibition building was competing with two sickle-shaped wings and a music academy integrated into a rebuilt palace. In 1997, a competition was held for a new restaurant in the Great Garden, which was won by the architects Schweger and Partners with a radically reticent pavilion solution. A further decade passed before, in 2007, there finally appeared on the scene a protagonist who was prepared to revive the site with new contents.

If we consider the great variety of utilizations proposed since 1945, it becomes very clear how vehement the battle over form and content really was. Time and again one is struck by the contrasts between informal garden solutions, reticent pavilions and prestige buildings, the last-named taking their cue in point of scale and appearance from the former palace. The polarity between the desire for modern architecture and a restoration of the old was, to start with, stronger than ever. The 1950s and 1960s were not the right time for restoration – a new democratic society was seeking an expression of itself. The best example of a clean break with the past was Arne Jacobsen's bold 'Bella Vista' project of 1965. His demotic gesture links this plan with an initiative by the architects Jürgen Haack and Peter Krüger, who in 1978 sought to erect a conceptual pleasure palace in the form of an airy

Lässt man die unterschiedlichen Nutzungsmodelle ab 1945 Revue passieren, wird deutlich, wie stark um Form und Inhalt gerungen wurde. Immer wieder springen die Gegensätze zwischen informellen Gartenlösungen, zurückhaltenden Pavillons und repräsentativen Bauten ins Auge, Letztere in Kubatur und Aussehen angelehnt an das einstige Schloss. Die Polarität zwischen dem Wunsch nach zeitgemäßer Architektur und einem Wiederaufbau war zunächst stark. Die 1950er- und 1960er-Jahre waren nicht die Zeit für Rekonstruktion, hier suchte eine neue demokratische Gesellschaft nach eigenem Ausdruck. Bestes Beispiel, sich bewusst von der Vergangenheit abzusetzen, war Arne Jacobsens wagemutiges Projekt »Bella Vista« von 1965. Seine demokratische Geste verbindet diese Planung mit einem Vorstoß der Architekten Jürgen Haack und Peter Krüger, die 1978 ein »Lustschloss in Gedanken«, eine luftige Aussichtsterrasse in den Abmessungen des Schlosses, errichten wollten, gekrönt durch Stahlgerüste und Bäume. Langsam löste sich der Konflikt zwischen Positionen der Moderne und der Historie. Die gefestigte Gesellschaft konnte es sich leisten, den Blick in die Vergangenheit zu richten.

Landeskonservator Jörg Maaß formulierte im Jahrbuch des BDA 2002/03 Kernpunkte einer Gestaltungsphilosophie, die weder auf Modernismen besteht noch strikt historische Maßstäbe anlegt. Maaß verlangt Qualität, eine dem Ort angemessene Architektur: »Wenn einer der prominentesten, viele Gemüter bewegenden Orte der Stadt bebaut werden soll, kann dies nur mit einer öffentlichen Nutzung geschehen, die die Gärten in würdiger Weise bereichert.« Anders ausgedrückt: Herrenhausen ist keine Privatsache, Herrenhausen wird als öffentliches Gut verstanden, und entsprechend soll seine Nutzung ausfallen – in gesellschaftlicher Verantwortung und so, dass sie dem Ort und seiner kulturgeschichtlichen Bedeutung angemessen bleibt.

Zwischen großer Geste, pragmatischer Anverwandlung des Neuen im Alten und demonstrativer Zurückhaltung liegen Welten. Inhaltlich verbanden sich in keiner der Planungen Neuerungen mit dem Ort, etwas, das über das historisch Vorhandene (und nun Verschwundene) hinausging. Die Debatte drehte sich im Kreis, die Argumente der Modernisten zielten auf das gesellschaftlich Gebotene – den Zeitgeist, der forderte, der Gegenwart Gewicht zu geben –, die der Traditionalisten auf das Angemessene – den historischen Ort und seine Wunden wieder zu heilen. Positionen dazwischen waren allzu unkonkret und verliefen sich in Appellen zu einem Kompromiss zwischen Weiterbauen und Wiederbelebung. In ihrer Nutzungsstudie für den Standort des ehemaligen Schlossgebäudes in Hannover-Herrenhausen von 1998 fassten die Stadtplaner Albert Speer und Partner die einzelnen Standpunkte pointiert unter den Begriffen Puristen, Symbolisten, Modernisten und Traditionalisten zusammen. Diese Positionen sind aus allen Ansätzen, die 1943 gerissene Lücke zu schließen, abzulesen.

viewing terrace on the scale of the old palace, crowned by steel scaffolding and trees (fig. 27). But this conflict between modernists and revivalists gradually softened. A now confident society could afford to look back to its past once more.

In the 2002/03 Yearbook of the League of German Architects, State Conservation Officer Jörg Maass set out the main points of a design philosophy that neither insisted on modernism nor set strict historical standards. Maass demanded quality, and architecture appropriate to the site: 'If one of the most prominent locations in the city, one that arouses many emotions, is to be built on, this can be done only on the basis of public utilization that enriches the gardens in a worthy fashion.' Or in other words: Herrenhausen is not a private affair, Herrenhausen is understood as a public asset, and its utilization should accordingly be a matter of public responsibility and respect both the location and its importance in cultural history.

The grand gesture, pragmatic assimilation of the new to the old, and demonstrative reticence are worlds apart. In none of the proposals did innovations thematically connect with the location, there was nothing that transcended the historically present (and now vanished). The debate went round in circles: the arguments of the modernists sought to reflect the requirements of society by emphasizing the *Zeitgeist*, the present, while those of the traditionalists rested on propriety, namely healing the historic site and its wounds. Intermediate positions were too vague, and got bogged down in appeals to a rational compromise between moving on and reviving. In their 1998 utilization study for the location of 'the former palace building in Hanover-Herrenhausen', the town planners Albert Speer and Partners summarized the individual positions pointedly as purists, symbolists, modernists and traditionalists. These positions can be detected in all the solutions proposed for filling the gap torn open in 1943.

Das neue Schloss Herrenhausen

Anne Schmedding

Die Vorgeschichte

Seit einigen Jahren werden in Deutschland im Krieg zerstörte Baudenkmäler wiederaufgebaut oder ihre Rekonstruktion ist geplant. Vielfach handelt es sich dabei wie beispielsweise in Braunschweig, Berlin und Potsdam um Stadtschlösser, deren Fassaden man originalgetreu wieder errichtet. Im Inneren dagegen sind sie zumeist modern ausgebaut, um einer neuen Funktion - Museum, Veranstaltungszentrum, Landtag oder Shoppingmall - adäquate Räume bieten zu können. Fast allen diesen Bauten ging eine jahrzehntelange Diskussion voraus: um die Finanzierbarkeit und ein sinnvolles Nutzungskonzept, aber auch um die architektonische, gesellschaftliche und politische Bedeutung ihres Wiederaufbaus. Eine wichtige Rolle spielen dabei vor allem denkmalpflegerische Bedenken, die ihren Ursprung im 19. Jahrhundert haben. Der Kunsthistoriker Georg Dehio (1850–1932), der als einer der Begründer der modernen Denkmalpflege gilt, wandte sich gegen den damals üblichen purifizierenden Weiterbau alter Baudenkmäler (z. B. gotischer Kirchen). Er geißelte die damit notwendig verbundenen Zerstörungen als restauratorischen Vandalismus, sah sich dem Wahlspruch »Konservieren, nicht Restaurieren!« verpflichtet und stellte die Forderung auf, Alt und Neu sollten im Falle von Zubauten erkennbar unterschieden sein. Diesem Diktum fühlte man sich auch in der Nachkriegszeit nach 1945 verpflichtet und wählte für Ergänzungen und Teilrekonstruktionen eine moderne Formensprache, während Rekonstruktionen kompletter Bauten abgelehnt wurden und nur selten vorkamen. Bis heute wird für Ergänzungen und Restaurierungen historischer Bauten oftmals der modernisierte Weiterbau gewählt, der Ursprung, aber auch die Geschichte der Zerstörung und Rekonstruktion an der Architektur ablesen lässt.

Bei gänzlich zerstörten Gebäuden wie dem Schloss Herrenhausen ist dies keine Lösung - auf welcher Grundlage sollte man entscheiden, was von dem nicht mehr Vorhandenen zu rekonstruieren und was modern auszubauen sei? Es bleibt die Wahl zwischen zeitgenössischer Architektur oder historisierender Rekonstruktion. Im Fall Herrenhausen hat man sich für die Rekonstruktion

The New Schloss Herrenhausen

Anne Schmedding

The Prequel

For many years now, work has been afoot on the reconstruction of historic buildings in Germany destroyed during the war, or at least their reconstruction is in the planning stage. In many cases, as for example Braunschweig, Berlin and Potsdam, the buildings in question are former city palaces, whose exteriors have been rebuilt to faithfully match their original appearance. Inside, by contrast, the fittings and layout are mostly modern, in order to accommodate a new function, be it museum, event centre, state assembly, or shopping mall. Almost all these reconstructions were preceded by decades of debate not only on their affordability and a rational concept regarding their use, but also on the architectural, social and political significance of the restoration. A major role was played in these debates by conservationist worries, which have their origins in the nineteenth century. The art historian Georg Dehio (1850–1932), one of the founders of modern heritage conservation, was opposed to the then usual way in which old heritage buildings, for example Gothic churches, were being enlarged: the extensions had to be 'authentic'. He castigated the destruction of original substance that this involved as a form of vandalism, chose the motto 'Conservation, not Restoration', and demanded that when extensions were made, new and old should be clearly distinguishable. In the period after 1945, this dictum was taken to heart, and a modern idiom was chosen for extensions and partial reconstructions, while the reconstruction of whole buildings was generally rejected and seldom carried out. To this day, when historic buildings are enlarged or restored, a modern design is still often chosen for the new element, thus allowing not only the original, but also the history of the destruction and reconstruction to be read from the architecture.

When a building is totally destroyed, like Schloss Herrenhausen, this solution is not available. On what basis can one decide what parts of the no longer extant structure to reconstruct in its original form, and what parts to build in a modern idiom? There remains the choice between contemporary architecture and reconstruction in an historical style. In the case of Herrenhausen, the

Abb. 30 Das neue Schloss Herrenhausen von der Gartenseite |
Fig. 30 The new Schloss Herrenhausen seen from the Garden

Abb. 29 Blick vom Blumengarten auf den Ostflügel des Schlosses
und die daran anschließende barocke Kaskade | Fig. 29 View from
the flower garden of the east wing of the palace and the adjoining
Baroque Cascade

decision was taken to construct a modern interior behind the historic shell. The reconstruction, completed in 2013, was the culmination of decades of debate and concrete plans, all with the aim of finding an appropriate architectural solution for the site on which, until its destruction in the 1943 air raid, the summer residence of the Welf dynasty had stood. Time and again a faithful reconstruction was considered, but each time it was rejected, not just because of the concerns raised by conservationists and architects – who overwhelmingly continued to oppose the reconstruction of historic heritage buildings – but above all because no one knew how to finance such a project, nor to what use a reconstructed building should be put.

A solution seemed to have been found in 2007, when a non-profit foundation, the Hanover-based VolkswagenStiftung, approached the city council with a new idea for Herrenhausen, which saw the project as part of its investment programme. The plan involved using the restored palace building as a modern event centre, with a grand hall, seminar rooms and auditorium in the main section, and museum rooms in the side wings. In the words of the call for entries to the architectural competition, the building was to 'give special expression to Hanover as a university and research location, and to its cultural tradition, and make clear the interaction between history and the future'. In particular its use for academic congresses takes account of the historical importance of the site as a centre of scholarship, which had already enjoyed a heyday under Electress Sophia and the polymath Gottfried Wilhelm Leibniz, who worked at the electoral court. At the same time, the use of the building as a museum was to make it accessible to the public at large, and convey something of the history of the palace and garden right up to the present day.

Abb. 31 Galeriegebäude, Arne-Jacobsen-Foyer, Schloss und östliches Wachgebäude mit dem Zugang zum Museumsbereich, Ansicht von Nordosten I Fig. 31 Galerie building, Arne Jacobsen Foyer, palace and east guardhouse with the entrance to the museum, view from the north-east

der Fassade mit einem modernen Inneren entschieden. Auch diesem 2013 vollendeten Wiederaufbau gingen zahlreiche Überlegungen und Planungen über mehrere Jahrzehnte voraus, die alle zum
Ziel hatten, eine passende architektonische Lösung für den Ort zu finden, an dem die Sommerresidenz der Welfen bis zu ihrer Zerstörung bei einem Bombenangriff im Jahr 1943 stand. Immer wieder wurde eine Rekonstruktion erwogen, die aber nicht nur an Bedenken aus der Fachwelt der
Denkmalpfleger und Architekten scheiterte – die sich nach wie vor überwiegend kritisch zu Rekonstruktionen historischer Baudenkmäler äußern –, sondern vor allem an einem fehlenden Finanzie-
rungs- und Nutzungskonzept.

Eine Lösung schien 2007 gefunden zu sein, als die in Hannover ansässige VolkswagenStiftung,
die das Projekt im Rahmen ihrer Vermögensanlage plante, mit einer neuen Idee für Herrenhausen
an die Stadt herantrat: Das wiederzuerrichtende Schloss sollte ein modernes Veranstaltungszentrum werden, mit Festsaal, Seminarräumen und Auditorium im Hauptbau sowie Museumsnutzung
in den Seitenflügeln. Der Bau, so der spätere Auslobungstext zum Architektenwettbewerb, werde
»dem Hochschul- und Wissenschaftsstandort Hannover und dessen kulturgeschichtlicher Tradition
besonderen Ausdruck verleihen und das Zusammenspiel zwischen Historie und Zukunft verdeut-

Abb. 32 Seitenansicht des Schlosses von Osten, vorbei an Galerie und Pergola von 1841 | Fig. 32 View of the palace from the east, past the Galerie and the 1841 pergola

In the summer of 2009, the leasing agreement was signed, and it was announced by Stephan Weil, the then mayor, and Wilhelm Krull, secretary-general of the VolkswagenStiftung, that the city council was leasing, for a period of 99 years, the plot of land in the Great Garden to a company owned by the foundation, namely IVA KG, which would be responsible for the future building on the site. At the same time, the city council would rent back the wings of the said building for an annexe of its Historical Museum. In return, IVA KG undertook to reconstruct the 'outer shell of the palace on the basis of the historic building designed by Laves', because the city and the foundation, the two partners in the project, had been in agreement from the outset that the historic exterior should be restored in its original form. But while the exterior was to be rebuilt on the basis of the neoclassical conversion carried out by Georg Ludwig Friedrich Laves between 1818 and 1821 (in other words, the appearance of the palace until its destruction in 1943 was to be restored), behind the façade the rooms would be totally new. Once the building had been completed, the congress centre was to be leased to a professional operator, who would then make it available for anyone to book for events. The fact that the VolkswagenStiftung planned to use the building for academic congresses was an important consideration for the city council, as it hoped thereby to strengthen the position of Hanover as a university and research location. And so, in addition, a thematic reference was made to the Gottfried Wilhelm Leibniz University, which is situated in the immediate vicinity of the Herrenhausen Gardens.

The combination of public (museum) and commercial (congress centre) use of the location enjoyed general support and virtually no one questioned it. The idea of restoring Laves's exterior, however, was the subject of much debate. For example the president of the Lower Saxony chamber of architects, Wolfgang Schneider (who later took part in the architectural competition) said to the Deutsche Presse-Agentur in 2008: 'A total reconstruction of the outer shell would be to pretend that history, war and destruction had never happened. ... What we need are high-quality architectural solutions, not imitation.'

At a symposium held by the Green Party group on the city council in March 2008, the sense of rebuilding the historic exterior in its original form rather than erecting a modern structure was no less strongly disputed. Alongside the fact that such a reconstruction would largely conceal the history of the place since 1943, another argument was adduced, namely the stylistic and dimensional divergence between the building and the garden. While the palace, at the time of its destruction, was largely a product of neoclassicism, the garden itself owed its outstanding quality to the Baroque. And there was a further issue: the princely residence had undergone a number of major alterations over the centuries, so in which form was it to be restored? It was this question that proved

lichen«. Denn insbesondere die Nutzung für wissenschaftliche Tagungen trägt der geistesgeschichtlichen Bedeutung des Ortes Rechnung, der schon unter Kurfürstin Sophie und dem am Welfenhof tätigen Universalgelehrten Gottfried Wilhelm Leibniz eine Blüte erfahren hatte. Gleichzeitig sollte die museale Nutzung das Gebäude für die breite Öffentlichkeit zugänglich machen und die Geschichte von Schloss und Garten in die Gegenwart vermitteln.

Im Sommer 2009 wurde der Erbbaurechtsvertrag unterzeichnet. Der damalige Oberbürgermeister Stephan Weil und Wilhelm Krull, Generalsekretär der VolkswagenStiftung, gaben bekannt, dass die Stadt der stiftungseigenen Gesellschaft IVA KG als künftiger Bauherrin das Grundstück im Großen Garten für 99 Jahre überlässt und die Flügel für eine Dependance ihres Historischen Museums anmieten wird. Im Gegenzug verpflichtete sich die IVA KG, die »äußere Hülle des Schlosses nach dem von Laves historisch vorgegebenen Baukörper« wiederaufzubauen, denn über die Rekonstruktion der historischen Fassade waren sich die Partner Stadt und Stiftung von Anfang an einig gewesen. Während sich das Äußere am klassizistischen Umbau von Georg Ludwig Friedrich Laves (1818–1821) orientieren sollte – also dem Erscheinungsbild des Schlosses bis zu seiner Zerstörung 1943 –, würde hinter der Fassade ein völlig neues Raumgefüge entstehen. Nach Fertigstellung des Gebäudes sollte das Tagungszentrum einem professionellen Betreiber verpachtet werden und von jedermann für Veranstaltungen gebucht werden können. Dass die VolkswagenStiftung die Nutzung durch wissenschaftliche Tagungen plante, war der Stadt wichtig, da sie sich dadurch eine Stärkung des Hochschul- und Wissenschaftsstandorts Hannover erhoffte. So wurde zudem ein inhaltlicher Bezug zur Gottfried Wilhelm Leibniz Universität geschaffen, die in unmittelbarer Nähe der Herrenhausener Gärten liegt.

Die Kombination aus öffentlicher (Museum) und kommerzieller (Tagungszentrum) Nutzung des Standortes fand allgemein Anerkennung und wurde kaum hinterfragt; die Idee der Rekonstruktion der Laves'schen Fassade führte allerdings zu Diskussionen. So betonte der Präsident der Architektenkammer Niedersachsen Wolfgang Schneider (ein späterer Teilnehmer im architektonischen Wettbewerb) 2008 gegenüber der Deutschen Presseagentur: »Eine ganzheitliche Rekonstruktion der äußeren Hülle würde so tun, als ob es die Geschichte, Krieg und Zerstörung nicht gegeben hätte. ... Gefragt sind qualitätvolle architektonische Lösungsmöglichkeiten, nicht ein Nachmodellieren.«

Auf einem Symposium der Grünen-Fraktion im März 2008 wurde der Sinn eines Wiederaufbaus der historischen Fassade statt eines modernen Gebäudes ebenso deutlich hinterfragt. Neben der Tatsache, dass mit einer Rekonstruktion die Geschichte des Ortes nach 1943 nur noch schwer zu erkennen ist, wurde als zusätzliches Argument die stilistische und proportionale Divergenz zwi-

Abb. 33 Arne-Jacobsen-Foyer (links) und Schloss vor dem Bau des gläsernen Ganges, der nach den Plänen von JK Architekten die beiden Gebäude miteinander verbinden soll. | Fig. 33 Arne Jacobsen Foyer (left) and palace before the building of the glass corridor which, according to the plans of JK Architekten, is to connect the two buildings.

schen Bau und Garten angeführt. Während das Schloss zum Zeitpunkt seiner Zerstörung im Wesentlichen durch den Klassizismus geprägt war, hatte der Garten selbst seine herausragende Qualität im Barock erhalten. An der Frage, welche historische Phase der mehrfach umgebauten Welfenresidenz genau wiederhergestellt werden solle, war denn auch eine Initiative der hannoverschen Haus & Grundeigentum Bürgerstiftung gescheitert, die sich vor der VolkswagenStiftung für eine Rekonstruktion eingesetzt hatte. Dieses Dilemma hatte bereits 1964 der damalige Stadtbaurat von Hannover, Rudolf Hillebrecht, in einer Denkschrift zu Herrenhausen thematisiert. Wenn man schon eine Rekonstruktion in Erwägung ziehe, so Hillebrecht, käme nur eine Orientierung am barocken Schlossprojekt von 1690 in Frage, dessen einzig realisierter Teil das heute noch existierende Galeriegebäude ist (Abb. 3, 4). Allein dieses sei das architekturhistorisch korrekte und damit angemessene und stilistisch passende Pendant zum Garten. Denn das in mehreren Bauphasen entstandene Schloss, zuletzt von 1818 bis 1821 von Laves klassizistisch überformt, sei zu klein und zu flach, um dem Garten eine harmonisch dimensionierte Fassung zu geben. Auch Laves selbst wurde in die Argumentation einbezogen, da er aus gleichem Grund zu seiner Zeit umfangreichere, nie realisierte Umbaupläne gehegt hatte, wie beispielsweise die Hinzufügung eines zusätzlichen Flügels im Süden des Gartenhofs (Abb. 9). Aber auch diese Variante einer Rekonstruktion schloss Hillebrecht schließlich als »potemkinsche« Kulisse aus.

Ob an dem Ort des zerstörten Schlosses ein Bau in moderner, klassizistischer oder barocker Gestalt, eine architektonische Skulptur oder reine Gartenarchitektur entstehen sollte, wurde auch nach Hillebrecht kontrovers diskutiert. In einem Punkt aber waren sich Fachwelt und breite Öffentlichkeit zu jedem Zeitpunkt der Diskussion einig: Der barocken Gartenanlage fehlte der bauliche Bezugspunkt. Die zentrale Achse setzte sich über das leere Schlossareal hinaus in die Allee im Berggarten fort und der Blick fiel damit ungehindert auf das Mausoleum – wie es nie gedacht war und auch dem barocken Konzept nicht entspricht. So schrieb der 1986 geschlossene Kulturvertrag zwischen der Stadt Hannover und dem Land Niedersachsen eine »angemessene bauliche Ergänzung« des Gartens vor, jedoch ohne eine Festlegung des »Wie«. Im Jahr 2013 hat der Große Garten von Herrenhausen nun seine Ergänzung nach Laves' Plänen und damit die Komplettierung der barocken Anlage in klassizistischer Form erfahren.

Der Architekturwettbewerb

Die Auslobung des Wettbewerbs 2009 durch die IVA KG wurde entsprechend der Übereinkunft von VolkswagenStiftung und Stadt Hannover formuliert: Während das äußere Erscheinungsbild gemäß den Entwürfen von Laves aus dem Jahre 1819 wiederherzustellen war, sollte »die Konzeption der

Abb. 34 Blick durch den östlichen Lichthof ins unterirdische Auditorium | Fig. 34 View from the east sunken atrium into the basement auditorium

Innenräume nach modernen Gestaltungsprinzipien, aber in Harmonie mit der historischen Fassade und im Einklang mit der Funktionalität der vorgegebenen Nutzungsstrukturen erfolgen«. Eine nicht ganz einfache Aufgabe, nicht nur wegen des geforderten harmonischen Zusammenspiels zwischen klassizistischem Äußeren und modernem Inneren. Dazu galt es, über die genaue Rekonstruktion hinaus Anschlüsse an in der Zwischenzeit entstandene Bauten im Umfeld zu finden, wie dem zum barocken Galeriegebäude führenden Foyer von Arne Jacobsen aus dem Jahr 1966 (Abb. 31, 33) und dem Restaurant »Schlossküche« des Architekten Peter Schweger aus dem Jahr 2000. Gemäß der neuen Nutzung mussten separate Eingänge für Tagungszentrum und Museum in den sogenannten Wachgebäuden links und rechts des Hauptgebäudes geschaffen werden. Auch für die innere Ausgestaltung des Hauptgebäudes gab es Vorgaben: Im ersten Obergeschoss musste ein Festsaal mit 600 Quadratmetern eingeplant werden sowie ein 750 Quadratmeter großer Hörsaal im Untergeschoss für 250 bis 300 Personen, der zudem mit Tageslicht versorgt werden sollte.

Abb. 35 Dritter Preis im Wettbewerb: Peter Kulkas Entwurf für das Auditorium sah eine zentrale Oberlichtkuppel vor, die im Gartenhof als Brunnen ausgestaltet sein sollte. | Fig. 35 Third prize in the competition: Peter Kulka's design for the auditorium envisaged a central glazed dome, which was to be fashioned as a fountain in the garden courtyard.

Abb. 36, 37 ASP Architekten Meyer Schneider Partner, zweiter Preis im Wettbewerb, planten zur Belichtung des Auditoriums zwei viertelkreisförmige Oberlichter. | Figs. 36, 37 ASP Architekten Meyer Schneider Partner, second prize in the competition, planned to illuminate the auditorium by means of two quadrant-shaped skylights.

the stumbling block for an initiative by a different foundation, the Hannoversche Haus & Grundeigentum Bürgerstiftung, which, even before the VolkswagenStiftung, had already advocated restoring the palace. In fact it was a dilemma addressed as long ago as 1964 by the Hanover city building officer of the time, Rudolf Hillebrecht, in a memorandum on Herrenhausen. If we really wanted to rebuild the palace, he wrote, then the only basis for such a reconstruction would be the Baroque palace project of 1690, of which only the (still extant) Galerie was actually built (figs. 3, 4). This, he said, was the only accompaniment to the garden that was correct from the point of view of architectural history, and thus the only one that would be historically and stylistically appropriate. In his view, this was because the palace, which was built, extended and rebuilt on a number of occasions, most recently in a neoclassical style by Laves between 1818 and 1821, was too small and too low to provide a harmoniously proportioned setting for the garden. Laves himself was also dragged into the argument, as, for the same reason, he fostered extensive but unrealized rebuilding plans, such as an additional wing to close off the garden courtyard to the south (fig. 9). But this variant, too, was ultimately rejected by Hillebrecht as a 'Potemkin-style stage-set'.

After Hillebrecht's time, the controversy continued: should the site of the destroyed palace be occupied by a modern, a neoclassical or a Baroque-style building, an architectural sculpture, or purely garden architecture? In one point, however, the experts and the public at large were always united: the Baroque garden needed an architectural focus. The central axis continued across the empty palace site into the avenue of the Berggarten (Hill Garden), and as a result, the gaze fell unobstructed on to the Mausoleum – which was never intended, and also contradicted the Baroque concept. And so the cultural agreement signed by the city of Hanover and the state of Lower Saxony in 1986 envisaged an 'appropriate architectural complement' to the garden, albeit without laying

Abb. 38 JK Architekten, Planung für den Eingang zum Museum im östlichen Wachgebäude | Fig. 38 JK Architekten, plan for using the east guardhouse as the entrance to the museum

Von insgesamt 81 Bewerbern wurden 15 für den einstufigen Wettbewerb ausgewählt, darunter renommierte Architekturbüros wie Gerber Architekten aus Dortmund, Schweger Associates Architects aus Hamburg und aus Berlin Hans Kollhoff sowie Stephan Braunfels. Die Wettbewerbsjury unter Vorsitz des Architekten Klaus Theo Brenner kam im März 2010 zusammen. Schlussendlich wurden drei Arbeiten prämiert: JK Jastrzembski Kotulla Architekten, Hamburg (1. Preis), ASP Architekten Schneider Meyer Partner, Hannover (2. Preis), und Peter Kulka Architektur, Dresden (3. Preis).

Die Auswahl entschied sich vor allem an den Lösungen für den Festsaal und das Auditorium. Alle drei prämierten Entwürfe überzeugten insbesondere durch die intelligente Lichtführung im Untergeschoss. Es galt, einerseits möglichst viel Tageslicht einzufangen, andererseits die dafür notwendigen Lichtzuführungen in den klassizistisch gerahmten Gartenhof einzupassen, der wieder den zur Freitreppe führenden zentralen Weg mit flankierenden Rasen- und Beetflächen aufweisen sollte.

Einige der ausgeschiedenen Konzepte sahen für den Hof radikale Neugestaltungen vor, so ließ ihn Stephan Braunfels etwa wie ein Amphitheater zum Tagungsbereich abfallen, Hans Kollhoff platzierte eine barock anmutende Gartenornamentik und schneider + schumacher (Frankfurt) schlugen riesige blütenkelchartige Lichtschächte vor. Peter Kulka, der Drittplatzierte, entwarf direkt über dem Auditorium ein rundes Oberlicht, das als Glaskuppel in einem Wasserbecken den Gartenhof

Abb. 39 Eingangsfoyer und Treppe im Erdgeschoss, Ansicht von Süden | Fig. 39 Entrance foyer and staircase on the ground floor, view from the south

down what form this should take. Now, in 2013, the Great Garden at Herrenhausen has its 'architectural complement' according to Laves's plans, and thus the consummation of the Baroque complex, in neoclassical form.

The architectural competition

The call by IVA KG for entries to the architectural competition in 2009 was couched in terms corresponding to the agreement between the VolkswagenStiftung and Hanover City Council: while the external appearance was to be recreated in accordance with Laves's 1819 designs, 'the concept of the interior was to be on the basis of modern design principles, but in harmony with the historic exterior and with the functionality of the prescribed utilization structures.' It was a tricky task, and not just because of the demand for an harmonious interplay between the neoclassical exterior and the modern interior. In addition, over and beyond the reconstruction itself, links had to be created with other structures that had been built in the meantime, such as Arne Jacobsen's 1966 Foyer (figs. 31, 33), leading to the Baroque Galerie building, and the 'Schlossküche' restaurant by the architect Peter Schweger, dating from 2000. In accordance with the envisaged utilization of the new building, there had to be separate entrances for the congress centre and the museum in the so called 'guardhouse buildings' to the left and right of the main building. There were also specifications for the inner layout of the main building: the upper floor was to have a ballroom measuring 600 square metres, and in the basement there was to be an auditorium of 750 square metres to seat between 250 and 300 people, which, additionally, had to have sufficient natural lighting.

Of a total of 81 applications, a short-list of 15 was drawn up, including submissions from well-known offices such as Gerber Architekten from Dortmund, Schweger Associates Architects from Hamburg, along with Hans Kollhoff and Stephan Braunfels, both based in Berlin. The jury, chaired by the architect Klaus Theo Brenner, met in March 2010. Three entries were awarded prizes: JK Jastrzembski Kotulla Architekten, Hamburg (1st prize), ASP Architekten Schneider Meyer Partner, Hanover (2nd prize), and Peter Kulka Architektur, Dresden (3rd prize).

The selection was decided above all by the solutions for the grand hall and the auditorium. All three prizewinning entries were characterized by intelligent illumination of the basement. The task had been to capture as much daylight as possible while fitting the necessary 'windows' into the neoclassical frame of the garden courtyard, which was once again to have a central path, flanked by lawn and flower beds, leading up to the outside staircase.

Some of the unsuccessful designs envisaged a radical redesign of this courtyard. For example Stephan Braunfels proposed something like an amphitheatre descending towards the congress area,

Abb. 41 Die einläufige Treppe führt vom Erdgeschossfoyer zum Eingangsbereich des Festsaals im Obergeschoss. | Fig. 41 The staircase leads from the foyer on the ground floor to the entrance to the grand hall on the upper floor.

Abb. 40 Die großzügige, repräsentative Treppenanlage verbindet die drei Geschosse des Tagungszentrums. | Fig. 40 The imposing and generously proportioned staircase connects the three storeys of the congress centre.

Hans Kollhoff wanted a pseudo-Baroque garden ornamentation, and schneider + schumacher (Frankfurt) suggested huge, chalice-like light wells. Peter Kulka, who won third prize, had a round skylight immediately above the auditorium, which, as a glass dome in a pool, would have dominated the garden courtyard and thus formed a link with the historic fountains (fig. 35). On the other hand, ASP Architekten, placed second, relied on two arch-like skylights, whose quadrant form would have taken up, in a modern interpretation, the shape of the semicircular main courtyard to the north of the palace (figs. 36, 37). JK Architekten, by contrast, whose design was actually built, developed the idea of two parallel, rectangular sunken atria, which, in the words of the architects, would represent a 'new interpretation of the pools' in the Great Garden (figs. 34, 35). What convinced the jury about this solution was, in particular, the possibility of providing daylight not only to the auditorium – as the other entries also did – but also to the basement foyer and the two basement seminar rooms, so that subjectively the basement would almost seem to be a ground floor. A further point that helped to decide the outcome of the competition was the layout of the grand hall on the first floor of the palace. While Peter Kulka placed it on the east edge, with the foyer correspondingly behind the grandiose exterior staircase, ASP Architekten and JK Architekten both placed it centrally, but with

dominiert und damit an die historischen Brunnenanlagen angeknüpft hätte (Abb. 35). ASP Architekten, die den zweiten Preis erhielten, setzten auf zwei bogenförmige Oberlichtbänder zur Belichtung des Hörsaals, die in Viertelkreisen die Form des halbrunden Ehrenhofs vor der nördlichen Schlossseite modern interpretiert wiederaufnahmen (Abb. 36, 37). JK Architekten dagegen, deren Entwurf ausgeführt wurde, entwickelten die Idee, zwei parallele rechteckige Lichthöfe zu schaffen, die, so die Architekten, eine »Neuinterpretation der Wasserbecken« im Großen Garten seien (Abb. 34, 55). Überzeugt hatte die Jury an dieser Lösung insbesondere die Möglichkeit, nicht nur das Auditorium mit Tageslicht zu versorgen – wie im Fall der anderen Wettbewerbsentwürfe – sondern auch das untere Foyer und die beiden unteren Seminarräume, sodass das Untergeschoss in der Wahrnehmung fast einen ebenerdigen Charakter bekommt. Ein weiterer Punkt, an dem sich der Wettbewerb entschied, war die Anlage des Festsaals im Piano Nobile des Schlosses. Während Peter Kulka diesen an den östlichen Rand setzte und damit das Foyer hinter die repräsentative Freitreppe legte, schlugen ASP Architekten wie JK Architekten den Festsaal mittig vor – entscheidender Unterschied war allerdings, dass Letztere mehr Raumhöhe vorsahen, die der Größe des Festsaals angemessen war, indem sie im Dachgeschoss keine Seminarräume unterbrachten (Abb. 44–46). In einigen Punkten wurden von der Jury jedoch Nachbesserungen gefordert, insbesondere in Hinblick auf ein größeres Treppenhaus für das Tagungszentrum und eine großzügigere und repäsentativere Gestaltung des Auditoriums.

Die Preisträger Bettina Jastrzembski und Sven Kotulla, beide Absolventen der Technischen Universität Braunschweig, gründeten 2003 ihr Hamburger Büro JK Architekten. Parallel dazu waren sie bis 2007 bzw. 2008 Mitarbeiter im Kappelner Büro Sunder-Plassmann und dort beteiligt unter anderem am Umbau des historischen östlichen Stülerbaus in Berlin und des Pommerschen Landesmuseums in Greifswald. Insofern waren sie also vertraut im Umgang mit historischer Bausubstanz, wichtig auch für einen »rekonstruktiven Neubau« wie Schloss Herrenhausen.

Im September 2010 begannen mit der Einrichtung der Baustelle und dem Aushub der Baugrube die Arbeiten. Da das Areal zum möglichen Überschwemmungsgebiet der Leine gehört, musste die Gründung des Gebäudes dementsprechend angepasst werden. Aufgrund des unterirdischen Auditoriums und der erforderlichen Anlage von noch darunter liegenden Technikräumen erreichte die Baugrube schließlich eine Tiefe von 8,70 Meter. Im April 2011 wurde mit dem Rohbau begonnen und im Juni der Grundstein gelegt; das Richtfest konnte man schon im Februar 2012 feiern. Im Januar 2013 fand die feierliche Eröffnung des Tagungszentrums mit 270 internationalen Gästen statt, darunter Vertretern des Welfenhauses und der britischen Königsfamilie. Im Mai 2013 schließlich folgte die Einweihung des Museumstraktes.

Abb. 42 Der zweite Seminarraum des Erdgeschosses hinter dem Hauptportal nimmt die Proportion und einige Gestaltungselemente der historischen Eingangshalle des Schlosses auf. I Fig. 42 The second seminar room on the ground floor behind the main portal is a reprise of the proportions and design elements of the historic entrance hall of the palace.

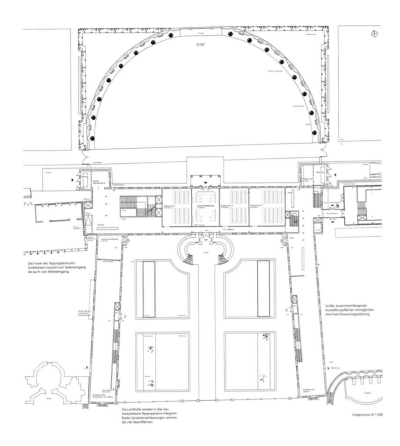

Abb. 43 Erdgeschoss-Grundriss von JK Architekten mit Foyer und Seminarräumen des Tagungszentrums im Hauptgebäude und den Museumsflächen in den Flügeln I Fig. 43 Ground-floor plan by JK Architekten, with the foyer and seminar rooms of the congress centre in the main building and the museum areas in the wings

the crucial difference that the latter envisaged a greater ceiling height, as appropriate to the dimensions of the room, by dispensing with seminar rooms in the attic storey (figs. 44-46). The jury did, however, require some reworking of the design; in particular they wanted a larger staircase for the congress centre, and a more generous and imposing layout of the auditorium.

The prizewinners Bettina Jastrzembski and Sven Kotulla, both graduates of the Technical University in Braunschweig, had founded their office, JK Architekten, in Hamburg in 2003. Concurrently, they were both on the staff of the office of Sunder-Plassmann in Kappeln until 2007 and 2008 respectively, where the projects in which they were involved included the rebuilding of the easternmost of the two historic 'Stüler buildings' in Berlin, and of the Pommersches Landesmuseum in Greifswald, and to this extent they were familiar with historic building fabric, important for a 'restored new building' like Schloss Herrenhausen.

Building work began in September 2010 with the excavation of the foundations. As the location is in the flood plain of the River Leine, the foundations of the building had to be laid with this in mind. The underground auditorium, and the necessary technical installations that would have to be housed one storey lower still, meant that the excavation pit finally reached a depth of 8.70 metres. In April 2011, work began on the shell, and the foundation stone was laid in June; the topping-out ceremony took place in February of the following year. In January 2013, the congress centre was officially inaugurated in the presence of 270 guests from many countries, including representatives of the house of Welf and the British royal family. Finally, the museum was opened in May 2013.

The architecture

In place of the neoclassical palace, there now stands, on precisely the same site, a building made of reinforced concrete. Architecturally and in terms of energy efficiency, it represents the state of the art. However, from the outside, one would hardly know it. Just as it was in Laves's day, the render is handmade, the simulated joins are hand-drawn, and the balustrades and cornices are painted all over, so that it is impossible to tell that they are now of stone and not of wood. The small unevennesses in the joins in particular bring the building to life. For the exterior, in accordance with historic practice, a pale yellow was used for the surfaces above the base, which were of local sandstone; even though the precise colour could not be reproduced, an approximation has been achieved. No reconstruction can possibly be exact down to the last detail. This is not just because the material itself, with all the traces accumulated over the years, has an authenticity that cannot be copied, but often there are no detailed plans and views of the original, and this was the case at Herrenhausen too.

Die Architektur

Anstelle des klassizistischen Schlosses steht nun an exakt gleicher Stelle – baulich wie energetisch auf dem neuesten Stand – ein Gebäude aus Stahlbeton. Das ist ihm von außen jedoch kaum anzumerken. Wie zur Zeit von Laves ist der Putz handwerklich gefertigt, wurden die Fugen für die Quaderung mit der Hand gezogen, zeigen die – heute aus Beton und nicht aus Holz gefertigten – Balustraden und Gesimse einen vollflächigen Anstrich, wodurch man ihre Materialität nicht mehr erkennt. Vor allem die kleinen Unebenheiten in den Fugen lassen den Bau lebendig wirken. Für die Fassade wurde in Orientierung an zeitgenössische Fassungen ein helles Gelb für die Flächen über dem Sockel aus Sandstein der Region gewählt; auch wenn die historische Farbgebung nicht genau zu rekonstruieren war, konnte so doch eine Annäherung erreicht werden. Aber eine Rekonstruktion bis in das letzte Detail ist nie möglich. Nicht nur, weil das Material an sich mit allen Zeitspuren eine nicht zu kopierende Authentizität hat und es oft keine detailgenauen Pläne und Ansichten vom Original gibt – so auch im Fall von Herrenhausen. Nicht nur, weil eine neue Nutzung, technische Entwicklungen und Veränderungen im Baurecht zu Modifikationen führen oder handwerkliche Fähigkeiten verloren gegangen sind. Sondern auch, weil der Ort sich im Zeitverlauf verändert hat, etwa neue Bauten hinzugekommen sind oder andere nicht mehr existieren. In Herrenhausen fehlen etwa die den Ehrenhof im Norden einrahmenden flachen Bedienstetengebäude, sodass sich die Ansicht des Schlossareals von der Straßenseite her stark verändert hat. Außerdem musste ein Anschluss an das Glasfoyer sowie an das Restaurant »Schlossküche« gefunden werden (Abb. 31, 33). JK Architekten verbanden die Bauten so mit dem Schloss, dass sich ein harmonisches Ensemble aus historisierender Fassade und modernen Gebäuden ergibt. Der schmale Glasgang, der Jacobsen-Foyer und Schloss verknüpft, bildet ein adäquates Pendant zu dem schon existenten Gang zwischen Foyer und Galeriegebäude. Er gibt zudem den Blick frei auf die Schlossfassade und die 1841 entstandene historische gusseiserne Pergola an der Gartenseite. Der Flachbau des Restaurants liegt in einer Flucht mit dem rekonstruierten Schloss und schließt mit der östlichen Stirnseite direkt an dieses an.

Eine wesentliche Abweichung vom Original ergibt sich zusätzlich aus der in der Ausschreibung geforderten Einrichtung von zwei seperaten Eingängen für das Tagungszentrum und das Museum. War diese Entscheidung einerseits durch die getrennten Nutzungen und die entsprechende Besucherführung eine funktionale Notwendigkeit, so wurde durch die Schaffung zweier gleichwertiger Zugänge zugleich eine Hierarchisierung vermieden, wie sie beispielsweise in Braunschweig der Fall ist: Dort tritt man durch das Portal des rekonstruierten Schlosses in die privat betriebene Shoppingmall, während man in die kommunalen Nutzungsbereiche mit Bibliothek und Standesamt nur durch kleine Seiteneingänge gelangt. In Herrenhausen hingegen soll das repräsentative Hauptpor-

Abb. 44 Der Festsaal im Obergeschoss | Fig. 44 The grand hall on the upper floor

Abb. 45 Der Festsaal im Obergeschoss | Fig. 45 The grand hall on the upper floor

there are no detailed plans and views of the original, and this was the case at Herrenhausen too. Nor is it only because a different utilization, technical developments and changes in building regulations lead to modifications, or because craft skills have been lost in the meantime. It is also because the location itself has changed, for example by the addition of more recent buildings or the demolition of existing ones. At Herrenhausen, for example, the low servants' quarters that once framed the main courtyard to the north have gone, so that the view of the palace from the street side has changed substantially. In addition, some link had to be devised with the glass foyer by Jacobsen and the 'Schlossküche' restaurant (figs. 31, 33). JK Architekten have connected these latter buildings with the palace in such a way that the result is an harmonious ensemble of neoclassical façades and modern structures. The narrow glass corridor connecting the Jacobsen Foyer and the palace forms an adequate balance to the existing corridor between the Foyer and the Gallery building. In addition, it opens up the view of the palace exterior and the historic cast-iron pergola, dating from 1841, on the garden side. The low restaurant building is aligned with the reconstructed palace, which its east end adjoins.

One major deviation from the original derives, additionally, from the stipulation in the specifications that there should be separate entrances for the congress centre and the museum. While this requirement had a functional necessity by reason of the separate utilizations and the need to channel visitors correspondingly, the creation of two entrances of equal status meant at the same time that the sort of hierarchization we see in Braunschweig is avoided: there, the portal of the reconstructed palace leads to the privately operated shopping mall, while the local authority premises, with the library and registry office, are accessed only by small side entrances. In Herrenhausen, by contrast, the ceremonial main portal is planned to be opened only on special occasions. The two new entrances provided the architects with an opportunity to add a modern element to the restored historical appearance: three high, narrow dark-oak doors now open on the sides of the corps de logis in the so-called guardhouses (figs. 31, 38). But this intervention has been carried out with extreme sensitivity, for the doors face to the sides, and are thus not visible when the palace is seen from the main courtyard or the street, and hence do not compete visually with the historic main entrance.

The congress centre is entered through the entrance on the west side; the guardhouse serves as a vestibule leading to the foyer. The entrance hall, which takes up the entire width of the building, is dominated by the generously proportioned staircase with white-plastered stringers and broad handrails in light oak (figs. 39-41). The staircase connects the three main levels of the building, the flight down to the basement with the auditorium and central service area being broader than the

tal künftig nur zu besonderen Anlässen geöffnet werden. Die beiden neuen Eingänge boten den Architekten die Gelegenheit, dem rekonstruierten historischen Erscheinungsbild ein modernes Element hinzuzufügen: Jeweils drei schmale hohe Türen aus dunkler Eiche öffnen sich nun an den Seiten des Corps de Logis in den sogenannten Wachgebäuden (Abb. 31, 38). Doch ist dieser Eingriff in das historische Erscheinungsbild äußerst behutsam erfolgt, denn die Türen sind nach außen gewandt und daher in der Frontalansicht des Schlosses von Straße und Ehrenhof her nicht sichtbar, bilden also optisch keine Konkurrenz zum historischen Haupteingang.

Das Tagungszentrum betritt man durch den Eingang an der Westseite, das Wachgebäude dient als Windfang, über den man das Foyer erreicht. Dominiert wird die repräsentative Eingangshalle, die die gesamte Breite des Baus einnimmt, von der großzügigen Treppenanlage mit weiß verputzen Wangen und breiten Handläufen aus heller Eiche (Abb. 39–41). Die Treppe verbindet die drei Hauptebenen des Gebäudes, wobei sie zum Untergeschoss mit Auditorium und zentralem Servicebereich des Hauses breiter angelegt ist als die gegenläufige Treppe nach oben; sie eröffnet eine Blickbeziehung über die drei Geschosse hinweg. Die großzügige Raumwirkung wird noch unterstützt durch die intelligente Lichtführung: Die Fensterreihen zu beiden Längsseiten, das aus dem Ober- und Untergeschoss kommende Tageslicht sowie eine schmale, Gartenblick bietende Fenstertür zur Südseite erhellen den Raum, unterstützt durch die die Treppe einrahmenden Deckenlichtbänder und dezent in die Decke eingefügte Strahler. Erst auf den zweiten Blick nimmt der Besucher wahr, dass die Wandflächen nicht in Weiß gehalten sind, sondern – wie auch im restlichen Gebäude – in unterschiedlichen Grauschattierungen. Nur die Decke und die Fensterlaibungen sind weiß. Dadurch wird Eintönigkeit vermieden, gleichzeitig das Spiel von Licht und Schatten abgemildert, sodass alle Räume in eine sanfte, leicht variierend getönte Helligkeit getaucht sind, in der das Zusammenwirken unterschiedlicher Lichtquellen, von Tages- und Kunstlicht, nicht bewusst wahrnehmbar ist. Auch der für den Boden der Verkehrsflächen durchgängig verwendete Jura-Kalkstein sowie das Eichenparkett in den Seminarräumen und dem Festsaal im Obergeschoss fügen sich in ihrer Farbgebung gut ein und unterstützen die lichte, freundliche Atmosphäre.

Insgesamt ist der Innenbereich von einer zurückhaltenden, zeitlosen Erscheinung, die die Schlichtheit der klassizistischen Fassade aufnimmt. Dabei kommt den Fensterreihen im Erd- und Obergeschoss besondere Aufmerksamkeit zu, bilden sie doch den Übergang vom historisierenden Außen zum zeitgenössischen Inneren. Durch die Rekonstruktion vorgegeben war die hohe Lage der Fenster, die nur für einen relativ geringen Lichteinfall gesorgt hätten. Um diesen Effekt zu mildern, verlängerten JK Architekten die Fenster im Inneren optisch durch eine bis zum Boden reichende

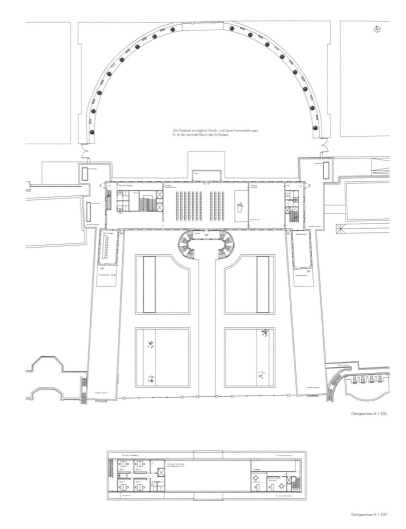

Abb. 46 Der Grundriss des Obergeschosses von JK Architekten mit dem im Westen des Corps de Logis gelegenen Treppenhaus, dem zentralen Festsaal und den Dachpavillons auf den Seitenflügeln | Fig. 46 The ground plan of the upper storey by JK Architekten, with the staircase in the west part of the corps de logis, the centrally positioned grand hall, and the roof pavilions on the side wings

Abb. 47 Blick vom Ostflügel über den Gartenhof auf den westlichen Dachpavillon | Fig. 47 View of the west roof pavilion from the east wing across the garden courtyard

flight leading upwards in the opposite direction; it opens up a view over all three storeys. The generous spatial effect is further enhanced by the intelligent treatment of available light: the rows of windows on the two long sides, the daylight from the upper and basement storeys, and a narrow French window offering a glimpse of the garden on the south side light up the space, supported by ceiling light-bands framing the staircase, and spotlights discreetly let into the ceiling. It takes closer inspection on the part of the visitor to realize that the walls are not white, but, as in the rest of the building, in different shades of grey. Only the ceiling and the window jambs are actually white. In this way, monotony is avoided, and at the same time the play of light and shade is mitigated, so that all the rooms are bathed in a gently varying pallor, in which the interaction of different light sources, of daylight and artificial light, is not consciously perceived. The Jurassic limestone used throughout for the floor of the circulation area, and the oak parquet in the seminar rooms and the grand hall upstairs, fit in well colourwise, and support the bright, friendly atmosphere.

Altogether the interior is reticent and timeless in its appearance, echoing the simplicity of the neoclassical exterior. The rows of windows on the ground and upper floors take on a particular importance here, forming as they do the transition from the imitation-historical exterior to the frankly modern interior. The high placement of the windows was determined by the requirement to restore the status quo ante, a circumstance that would have resulted in relatively low light levels. In order to mitigate this effect, JK Architekten optically lengthened the windows on the interior by giving them white jambs reaching down to the floor, which, set off from the grey walls, reflect the incident light and thus brighten up the space (fig. 49). The inner sashes of the double windows also extend lower down than the outer sashes, and are therefore larger.

The ground-floor foyer leads to a suite of four seminar rooms, which are linked on the north window side by an enfilade of doors, offset to the side (fig. 43). On the south side, they are set off from the outer wall and accessible by a continuous corridor. Both the enfilade and the corridor follow the historic floor plan. Three of the four seminar rooms, each with a floor space of 110 square metres, are larger than the original ground-floor rooms; the exception is the room that lies between the main portal and the exterior staircase to the garden (fig. 42): towards the south corridor, it can be opened by means of a partition, which then recreates the identical floor plan of the palace built by Laves. In this way, it can also serve the original function of entrance hall and passage to the garden. In addition, its design also echoes its predecessor. As in Laves's time, the stone floor tiles are laid diagonally, and between them are strips of stone laid at right angles to the building, which follow the grid of the supporting pillars that used to be here. The light-bands in the ceiling hint at the structure of the historic coffer ceiling. The other seminar rooms, by contrast, are plain, and fitted

Abb. 48 Die Lounge mit Bar im westlichen Dachpavillon I
Fig. 48 The lounge with bar in the west roof pavilion

weiße Einfassung, die von den grauen Wänden abgesetzt das einfallende Licht reflektiert und so zusätzlich den Raum erhellt (Abb. 49). Auch sind die inneren Flügel der Doppelfenster weiter nach unten gezogen und damit größer als die äußeren.

An das Erdgeschossfoyer schließt eine Folge von vier Seminarräumen an, die an der nördlichen Fensterseite durch eine Enfilade von seitlich gesetzten Türen verkettet sind (Abb. 43). An ihrer Südseite sind sie von der Außenfassade abgesetzt und mittels eines durchlaufenden Flures zugänglich. Sowohl Enfilade als auch Flur nehmen die Struktur des historischen Grundrisses auf. Drei der vier Seminarräume mit je 110 Quadratmetern sind größer als die ursprünglichen Erdgeschossräume; die Ausnahme bildet der Raum, der zwischen Hauptportal und Freitreppe zum Garten liegt (Abb. 42): Zum Südgang hin ist er durch eine bewegliche Wand zu öffnen und damit in seinem Grundriss identisch mit der Erdgeschosshalle des Laves-Schlosses. Auf diese Weise kann er auch deren einstige Funktion als Eingangsbereich und Durchgang zum Garten erfüllen. Darüber hinaus orientiert er sich auch in seiner Gestaltung am Vorbild: Wie zur Zeit von Laves sind die Steinplatten des Bodens hier diagonal verlegt, mit dazwischen gesetzten rechtwinklig zum Bau gelegten Steinstreifen, die dem Raster der ursprünglich hier befindlichen Stützpfeiler folgen. Die Lichtbänder in

Abb. 49 Der variabel genutzte östliche Dachpavillon | Fig. 49 The multi-purpose east roof pavilion

out very largely with the same materials as the foyer areas: there are acoustic walls in light wood at the rear to ensure the required room acoustics, and the floor is oak parquet framed in limestone.

The grand hall is, like its predecessor, on the first floor, as can be seen very clearly from outside by virtue of the exterior staircase on the garden side, and the balcony over the main portal on the north side (figs. 10, 11, 44-46). While the original hall extended only to the three central window bays, the new one, with a length of 35 metres and an area of 500 square metres, takes up about two-thirds of the area, and the whole of the breadth, of the first floor, and extends across twelve window bays. Three indirectly lit ceiling fields mark the areas that can be partitioned off. As JK Architekten, unlike other entrants in the competition, did not envisage any seminar rooms in the attic storey, the hall could be given an imposing height, which in turn improves its acoustics for lectures and chamber concerts. These advantages were among the deciding factors in the jury's choice. From the hall, to the north across the main courtyard, there is a view of the Hill Garden with the Welf Mausoleum, also designed by Laves, while to the south, one looks out over the garden courtyard, framed by the wings of the palace, and beyond into the Baroque Great Garden. All the windows look like French windows on the inside, but they are constructed on the 'double window'

Abb.51 Blick vom Podium in das von den Lichthöfen flankierte Auditorium | Fig.51 View from the dais into the auditorium, flanked by the atria

Abb.50 Ansicht des Auditoriums im Untergeschoss mit Blick zum westlichen Lichthof | Fig.50 The auditorium in the basement, with a view of the west sunken atrium

principle, and the outside sashes are in the form of casement windows. The central three on the south side are designed as doors, providing access to the exterior staircase, while a door on the north side opens on to the balcony over the main portal.

As used to be the case, the roofs of the single-storey side wings can be accessed. As in the historic building, there are roof pavilions on each wing, each four window bays in length, set back from the balustrade; each pavilion has two French doors at the end, opening out on to the terrace (figs. 47-49). The one on the east wing is designed as a seminar room, while that on the west wing is a lounge and bar. The general public are intended to have direct access to the roof terraces (without entering the main building) via the Baroque Cascade and Grotto built on to the wings, since from up here there opens out an imposing view of the garden and the newly interpreted lawn parterre of the garden courtyard, where the two sunken atria can be seen as broad, glass-framed 'incisions', through which daylight penetrates into the basement with the auditorium.

der Decke deuten die Struktur der historischen Kassettendecke an. Die anderen Seminarräume sind hingegen schlicht und mit überwiegend den gleichen Materialien wie die Foyerbereiche ausgestaltet: In hellem Holz gehaltene Akustikwände an den Rückseiten sorgen für die notwendige Raumakustik, der Boden zeigt Eichenparkett, eingerahmt von Kalkstein.

Der große Festsaal befindet sich wie im historischen Bau in der Beletage, von außen deutlich ablesbar durch die gartenseitige Freitreppe und den Balkon über dem Hauptportal der Nordseite (Abb. 10, 11, 44–46). Erstreckte sich der Saal seinerzeit nur über die drei zentralen Fensterachsen, nimmt er heute mit einer Länge von 35 Metern etwa zwei Drittel der gesamten Fläche des Obergeschosses ein und reicht mit seinen 500 Quadratmetern über zwölf Fensterachsen. Drei indirekt beleuchtete Deckenfelder markieren die durch mobile Wände trennbaren Saalbereiche. Da JK Architekten im Gegensatz zu anderen keine Seminarräume im Dachgeschoss vorsahen, konnte der Raum einerseits an repräsentativer Höhe gewinnen und ist andererseits auch gut für die Akustik größerer (Vortrags-)Veranstaltungen und von Kammerkonzerten geeignet – Vorzüge, die unter anderem zur

Abb. 52 Der westliche Lichthof leitet Tageslicht in das Auditorium und das angrenzende Foyer, zugleich schafft er die Blickbeziehung zur Gartenfassade des Schlosses. | Fig. 52 The west atrium provides natural lighting for the auditorium and the adjoining foyer, while at the same time allowing a glimpse of the garden façade of the palace.

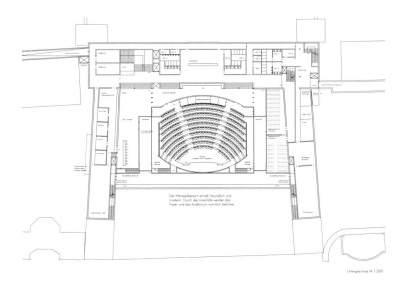

Abb. 53 Grundriss des Untergeschosses von JK Architekten mit Auditorium, Lichthöfen und weiteren Seminarräumen. Südlich des Auditoriums verläuft der unterirdische Verbindungsgang zwischen den als Museum genutzten Schlossflügeln. | Fig. 53 Ground plan of the basement by JK Architekten, with auditorium, sunken atria, and further seminar rooms. To the south of the auditorium is the underground corridor between the two halves of the museum housed in the two wings.

It is in fact the auditorium that forms the heart of the design by JK Architekten, and it possesses an impressive spatial quality (figs. 50-53). Seating more than 270, it is the second-largest room in the new congress centre. From the doors in the rounded outer wall, lateral corridors with acoustic walls take visitors to the wide amphitheatre of the auditorium, where eleven shallow steps lead down to the dais. Retractable tables, which can be folded away to form narrow racks, allow for flexible utilization, ranging from lectures and panel discussions to ceremonies. The spatial effect is surprisingly bright, the proportions pleasant, neither monumental nor closed-in. This effect is due not least to the construction of the gently curved ceiling, which is characterized by straight, broad beams running the whole length from front to back. These create a rhythmic structure that prevents the large surface from seeming oppressive, and indeed, helped by the lighting plan, makes it come across as positively elegant. The bright, friendly impression made by the room is dominated by the light oak for the cladding of the rounded rear wall, the tables and the desks, as well as for the parquet; wall areas to the left and right of the dais are clad in natural stone, which echoes the dominant material of the foyer, and continues the latter's flooring as a vertical element – doubtless not least a discreet hint that this is a subterranean space. For the auditorium, like the east seminar rooms and the foyer/bar, derives its special quality from the two glazed, rectangular sunken atria, through which a great deal of daylight falls from both sides (figs. 52, 54 55). The atria do not, however, simply provide adequate daylight for the basement, but also create a reference to the historic building by providing a view of much of the neoclassical exterior. Old and new meet here in the eye of the beholder. The glazed atria in the garden courtyard parterre thus form the interface between inside and out, between the exterior restoration, and the modern interior.

The sunken atria also create an optical relationship between the two main utilization zones of the building, for at their south ends they are glazed and thus open up to the subterranean linking corridor between the two museum wings. The corridor, which so to speak shifts Laves's idea of an additional wing to a subterranean location, skilfully solves the problem of moving visitors between the two museum wings now separated by the congress centre. Any other solution would have required two separate entrances. The entrance zone for visitors to the museum and garden, with the ticket office and shop, is in the east guardhouse. JK Architekten have fashioned the foyer with the same materials as its counterpart on the west side, but the wings themselves were handed over to the city council in an undecorated state and have been given a quite different treatment in line with their function as exhibition rooms. The interior by the museum designers hg merz contrasts, in its colourfulness, with the simple design of the entrance zone. The opening exhibition in this annexe of the Hanover History Museum, entitled 'Palaces and Gardens in Herrenhausen. From the Baroque

Prämierung des Entwurfs beigetragen haben. Aus dem die ganze Breite des Gebäudes einnehmenden Saal führt der Blick nach Norden zum Ehrenhof und hinüber zum Berggarten mit dem von Laves entworfenen Welfen-Mausoleum. Nach Süden schaut man in den Gartenhof zwischen den Schlossflügeln und weiter in die barocke Anlage des Großen Gartens. Alle Fenster sind innen als französische Fenster, außen aber als Kastenfenster ausgeführt: Die mittleren drei sind an der Südseite als Tür ausgebildet und führen auf die Freitreppe zum Garten, an der Nordseite ermöglicht eine Tür den Zutritt zu dem Balkon der Ehrenhoffront.

Wie einst sind die Dächer der eingeschossigen Schlossflügel begehbar; dem historischen Bau entsprechend befinden sich auf ihnen zurückgesetzte, über vier Fensterlängen laufende Dachpavillons, die sich an der Kopfseite durch zwei hohe Türen zur Dachterrasse öffnen (Abb. 47–49). Der östliche der beiden Räume wird als Seminarraum genutzt, der westliche als Lounge mit Bar. Die Dachterrassen sollen für die Öffentlichkeit über die direkt an die Flügel anschließenden barocken Kleinbauten von Kaskade und Grotte zugänglich sein, denn von hier oben eröffnet sich ein beeindruckender Blick über die Gartenanlage und das neu interpretierte Rasenparterre des Gartenhofs, wo die zwei Lichthöfe als glasgerahmte breite Einschnitte zu sehen sind, die das Auditorium im Untergeschoss mit Tageslicht versorgen.

Das Auditorium bildet den Kern des architektonischen Entwurfs von JK Architekten und hat eine beeindruckende Raumqualität (Abb. 50–53). Mit über 270 Sitzplätzen ist es der zweite große Veranstaltungsraum des neuen Tagungszentrums. Von den Türen in der gerundeten Außenmauer leiten seitliche Gänge mit Akustikwänden die Besucher in das weite Halbrund des Hörsaals, elf breite Stufen führen zum Podium hinab. Absenkbare Tische, die zu schmalen Ablageflächen zusammengeschoben werden können, machen eine flexible Nutzung für Vorträge und Podiumsveranstaltungen ebenso wie für Festakte möglich. Die Raumwirkung ist überraschend hell, die Proportion angenehm, weder monumental noch gedrungen, wozu auch die Gestaltung der Deckenkonstruktion beiträgt: Durchgängig gerade breite Streben durchziehen die sanft geschwungene Decke. Die rhythmisierende Gliederung verhindert eine erdrückende Wirkung der großen Fläche und lässt sie – unterstützt durch die Lichtregie – geradezu elegant wirken. Helle Eiche für die Wandverkleidung der gerundeten Rückwand, für Tische und Pulte sowie für das Parkett dominiert den hellen, freundlichen Raumeindruck; natursteinverkleidete Wandflächen links und rechts des Podiums greifen das bestimmende Material des Foyers wieder auf und führen dessen Bodenbelag in der Vertikalen fort – wohl auch ein behutsamer architektonischer Hinweis darauf, dass man sich hier eigentlich unter der Erde befindet. Denn seine besondere Qualität erhält das Auditorium – wie auch die östlichen Seminarräume und das Foyer mit Bar – durch die beiden verglasten, rechteckigen Lichthöfe,

Abb. 54 Durch den westlichen Lichthof erhalten der Foyerbereich mit Bar (links), die Treppenanlage (Mitte) und das Auditorium (rechts) natürliches Licht. | Fig. 54 Natural light enters the foyer with bar (left), the staircase (centre) and the auditorium (right) through the west atrium.

durch die von beiden Seiten viel Tageslicht einfällt (Abb. 52, 54, 55). Die Lichthöfe sorgen jedoch nicht nur für eine ausreichende Beleuchtung des Untergeschosses, sondern stellen auch den Bezug zum historischen Gebäude her, indem sie den Blick auf einen breiten Ausschnitt der klassizistischen Fassade freigeben, Alt und Neu treffen hier im Auge des Betrachters zusammen. Die verglasten Einschnitte im Gartenhof-Parterre bilden so die Schnittstelle zwischen innen und außen, zwischen der äußeren Rekonstruktion und dem modernen Inneren.

Die Lichthöfe stellen aber auch einen optischen Bezug zwischen den beiden Hauptnutzungsbereichen des Gebäudes her, denn an ihren südlichen Stirnseiten sind sie verglast und öffnen sich damit dem unterirdischen Verbindungsgang zwischen den beiden Museumsflügeln. Der Gang, der quasi Laves' Idee eines zusätzlichen Flügels unter die Erde verlegt, löst geschickt das Problem der Besucherführung zwischen den beiden durch das Tagungszentrum getrennten Museumsflügeln, für die andernfalls zwei separate Eingänge notwendig gewesen wären. Der Eingangsbereich für die Museums- und Gartenbesucher mit Kasse und Shop befindet sich im östlichen Wachgebäude. JK Architekten haben das Foyer mit den gleichen Materialien gestaltet wie sein Pendant auf der Westseite, die Flügel selbst jedoch wurden der Stadt im »veredelten Rohbau« übergeben und haben für ihre Funktion als Ausstellungsräume eine gänzlich andere Ausformulierung erfahren. Die Inszenierung der Museumsgestalter hg merz kontrastiert in ihrer starken Farbigkeit mit der schlichten Gestaltung des Eingangsbereichs. Die Auftaktausstellung der Dependance des Historischen Museums Hannover zum Thema »Schlösser und Gärten in Herrenhausen. Vom Barock zur Moderne« veranschaulicht auf 900 Quadratmetern mit rund 500 Objekten aus vier Jahrhunderten die Geschichte Herrenhausens.

In der Öffentlichkeit hat das junge, »alte« Schloss Herrenhausen nach seiner Eröffnung viel Beifall gefunden, wovon nicht zuletzt die zahlreichen positiven Pressestimmen zeugen – eine Resonanz, die im Fall von Rekonstruktionen nicht selbstverständlich ist. Sicher spielt hier eine Rolle, dass die Mischnutzung als Tagungszentrum und öffentliches Museum dem Ort angemessen erscheint, anders als beispielsweise beim Schloss-Einkaufszentrum in Braunschweig. Dazu kommt, dass die Finanzierung privat erfolgte und ein öffentlicher Beitrag nur indirekt durch die Überlassung des Grundstücks in Erbpacht seitens der Stadt geleistet wird. Ein wesentlicher Unterschied zu vielen anderen Rekonstruktionen ist auch, dass die Sommerresidenz Herrenhausen in einem noch bestehenden geschlossenen historischen Ensemble wiederaufgebaut wurde. Die Stadtschlösser in Potsdam, Berlin und Braunschweig sind hingegen in einen städtischen Kontext einzubinden, der mit den Jahrzehnten stark überformt und verändert wurde. Die Umgebung dort ist geprägt von archi-

Abb.55 Die Gartenfront des Schlosses mit Sicht in das Auditorium durch den östlichen Lichthof I Fig.55 The garden front of the palace, with a glimpse of the auditorium through the east sunken atrium

to Modern Times', has some 500 exhibits on display on 900 square metres of floor space to illustrate four centuries of Herrenhausen history.

The new 'old' Schloss Herrenhausen has, since its opening, largely been a hit with the public, to which not least the many positive press reviews bear witness; such an echo cannot be taken for granted when old buildings are restored in their original visual form. Doubtless this is due in part to the fact that the dual use as congress centre and public museum seems appropriate to the location, unlike, for example, the palace shopping mall in Braunschweig. In addition, no taxpayers' money was involved, the only public contribution being the leasing of the plot by the city to the foundation. This project also differs fundamentally from other reconstructions in that the Herrenhausen summer residence was rebuilt in a surviving historic ensemble. The city palaces in Potsdam, Berlin and Braunschweig, by contrast, are sited in urban contexts that over the decades have undergone major changes. The surroundings in those places are characterized by architectural layers that for their part stand for an historical era – that of divided Germany – and thus have a social and political significance. In Herrenhausen, the palace gives back to the Baroque Great Garden, which has survived the centuries with but few modifications, its central reference point, and thus completes an ensemble that is of importance not just for the city. The reconstruction of the palace does not overwrite later ages and their architectural witnesses, but integrates them – specifically through the integration of the Jacobsen-Foyer and the Schlossküche. It was the decision of the initiators to fill the spatial gap in the garden with a neoclassical façade, in order to create a visible 'historical' reference to the history of the site. The modern functions and the modern interior design in turn are designed to preserve the palace from a purely museum existence, opening it instead to a broader public as a venue for events and a place of scholarship and culture.

A modern exterior would have been equally conceivable, and many of the arguments mentioned above would speak in favour of such a solution. So is the restoration of the neoclassical palace the right solution for Herrenhausen? Ultimately, the summer residence based on a modest timber-framed building came across to many a ruler and architect as inappropriate ever since the splendid Great Garden was laid out. Laves had planned a larger palace but was unable to realize it. For all that, Schloss Herrenhausen had had these dimensions since the Baroque period, and since its refashioning by Laves it had possessed a neoclassical exterior. Until its destruction in 1943 it had taken its place in this form – and over the years it had grown together with the garden as a unit. Its reconstruction almost 70 years after its loss closes the gap once more. And so the new palace tells the visitor much of its story on the authentic site – including its architectural anachronisms and inconsistencies.

tektonischen Schichten, die ihrerseits wiederum eine historische Epoche – die des geteilten Deutschlands – repräsentieren und damit eine gesellschaftliche und politische Bedeutung haben. In Herrenhausen gibt das Schloss dem barocken Großen Garten, der alle Epochen mit nur wenigen Modifizierungen überstanden hat, seinen zentralen Bezugspunkt zurück und komplettiert damit das nicht nur für die Stadt so bedeutsame Ensemble. Die Rekonstruktion überschreibt nicht spätere Epochen und ihre baulichen Zeugnisse, sondern integriert sie – konkret durch die Anbindung von Jacobsen-Foyer und »Schlossküche«. Es war die Entscheidung der Initiatoren, die räumliche Fehlstelle der Gartenanlage mit einer klassizistischen Fassade zu ergänzen, um einen sichtbaren historisierenden Bezug zu der Geschichte des Ortes herzustellen. Die moderne Nutzung und Gestaltung im Inneren wiederum soll das Schloss zu einem Ort jenseits einer reinen Musealisierung machen, der sich einem breiten Publikum als Wissenschafts-, Kultur- und Veranstaltungsort öffnet.

Eine moderne Außengestaltung wäre ebenso möglich gewesen, viele der eingangs erwähnten Argumente sprächen dafür. Ist also der Wiederaufbau der klassizistischen Variante für Herrenhausen die richtige Lösung? Schließlich war die auf einem bescheidenen Fachwerkbau basierende Sommerresidenz manchen Herrschern wie Architekten seit der Anlage des prachtvollen Großen Gartens als unangemessen erschienen. Nicht zuletzt Laves hatte ein größeres Schloss geplant und dann doch nicht realisieren können. Trotz alledem: Schloss Herrenhausen hatte seit dem Barock diese Proportionen und seit dem Umbau durch Laves besaß es eine klassizistische Fassade. Bis zu seiner Zerstörung 1943 nahm es in dieser Form seinen Platz ein – und war im Laufe der Zeit mit dem Garten doch zu einer Einheit zusammengewachsen. Sein Wiederaufbau knapp siebzig Jahre nach dem Verlust schließt die Lücke wieder. Und so erzählt das neue Schloss am authentischen Ort dem aufmerksamen Besucher viel vom Lauf der Geschichte, von ihren architektonischen Ungleichzeitigkeiten und Ungereimtheiten.

Abb. 56 Blick durch die gusseiserne Pergola von 1841 auf die Ostfront des Schlosses I Fig. 56 View of the east side of the palace through the cast-iron pergola built in 1841

Exkurs: Zur Rekonstruktion von Schloss Herrenhausen

Bernd Adam

Nachdem in den vorangegangenen Jahrzehnten alle Versuche gescheitert waren, die mit der Zerstörung von Schloss Herrenhausen entstandene Lücke zu schließen, beschlossen die Landeshauptstadt Hannover und die gemeinnützige VolkswagenStiftung schließlich 2007 den Wiederaufbau des Gebäudes in der von Georg Ludwig Friedrich Laves 1820 geschaffenen Form. Während sich der Bau nach außen wieder in seinem klassizistischen Gewand zeigen sollte, war im Inneren ein moderner Tagungs- und Museumsbau geplant, über dessen Gestalt ein im Winter 2009/2010 durchgeführter Architektenwettbewerb entschied.

Zur Durchführung des originalgetreuen Wiederaufbaus bedurfte es einer detaillierten zeichnerischen Rekonstruktion der Baukörper, die ab August 2009 durch das Büro für Bauforschung Dr.-Ing. Bernd Adam erstellt wurde. Wie aber entsteht ein solcher Rekonstruktionsplan als Arbeitsgrundlage für den ausführenden Architekten?

Die wichtigste Informationsquelle hierfür bilden die rund 30 Pläne von Laves' eigener Hand, die im Nachlass des Hofbaumeisters im Stadtarchiv Hannover verwahrt werden (Abb. 9, 11). Neben Grundrissen und Ansichten der Gesamtanlage finden sich hier auch Detailzeichnungen (Abb. 57), die wichtige Dekorationselemente des Schlosses, wie etwa Gesimse, Friese, Säulen und Balustraden, zum Teil in Originalgröße zeigen und so eine geeignete Vorlage für deren Nachbildung bieten. Begleitend hierzu wurde ein Konvolut von mehr als 450 historischen Plänen und Fotografien der Schlossanlage aus 15 verschiedenen Bibliotheken, Archiven und Museen im In- und Ausland erschlossen und ausgewertet. Dabei konnte auf wichtige Vorarbeiten zurückgegriffen werden, die in den vorangegangenen Jahren von dem Architekten Peter Grobe und dem hannoverschen Stadtbaugeschichtsprofessor Günther Kokkelink im Rahmen erster Planungen für den Wiederaufbau des Schlosses als Museum für Gartenkunst durchgeführt worden waren. Weitere Informationen zur Gestalt des Baukörpers und den seinerzeit verwendeten Materialien bot die Auswertung umfangreicher Aktenbestände im Niedersächsischen Landesarchiv sowie dem dort untergebrachten Archiv des Königlichen Hauses von Hannover.

Excursion: The Restoration of Schloss Herrenhausen

Bernd Adam

Following the failure in the past five decades of every attempt to fill the void caused by the destruction of Schloss Herrenhausen, the city of Hanover finally resolved in 2007, in a joint decision with the not-for-profit VolkswagenStiftung, to restore the building in the form created by Georg Ludwig Friedrich Laves in 1820. But while it was to be re-erected in its neoclassical outward form, the interior was to contain a congress centre and museum, the form of which was decided by an architects' competition in the winter of 2009/2010.

In order to restore the building in a form true to the original, there was a need for a detailed drawing. Starting in August 2009, this was prepared by the office for building research headed by Dr. Bernd Adam. But how does one set about drawing up such a reconstruction plan as a basis on which the architects can work?

The most important sources of information were the 30 or so plans in Laves's own hand, which are preserved among his papers in the Hanover city archive (fig. 9, 11). Alongside ground plans and elevations of the total complex, there are also detailed drawings (fig. 57) showing important decorative elements of the palace, such as cornices, friezes, columns and balustrades, some of them in their original size, thus providing a suitable basis for a copy. In addition, a collection of more than 450 historic plans and photographs of the palace complex from 15 different museums, archives and libraries at home and abroad was assembled and evaluated. Moreover, access was available to important preliminary work done in previous years by the architect Peter Grobe and the professor of city building in Hanover, Günther Kokkelink, in the context of the earliest plans for rebuilding the palace as a museum of garden design. Further information on the appearance of the building and the materials used in its construction was provided by the evaluation of extensive collections of documents in the Lower Saxony state archive, and in the archive of the royal House of Hanover, which is also kept there.

The first task was to ascertain the precise former ground plan of the palace. A superimposition of five different series of historic plans and early aerial photographs, as well as the plans based on a new

Zunächst galt es, Gewissheit über die ehemalige Grundrissgestaltung des Schlosses zu gewinnen. Die Überlagerung von fünf verschiedenen Serien historischer Pläne mit älteren Luftbildern sowie den auf einer neuen Vermessung des Schlossgrundstücks basierenden Bestandsplänen gab zu erkennen, dass keiner der überkommenen Plansätze die Form der historischen Bauten fehlerfrei darstellt. Zur Absicherung der genauen Grundrissform und Lage des Schlosses wurden daher zwischen September 2009 und Mai 2010 im Bereich der ehemaligen Außenkanten der kriegszerstörten Bauten Grabungen durchgeführt, an denen sich auch das Niedersächsische Landesamt für Denkmalpflege beteiligte. Neben mehreren Fundamentzügen, durch deren Vermessung die ehemalige Position des Schlosses bestätigt werden konnte, traten dabei nahe dem westlichen Eingangstor zum Ehrenhof der aus dem 17. Jahrhundert stammende ehemalige Weinkeller der Hofhaltung sowie ein 1861 unter dem alten Haupttreppenhaus angelegter Heizungskeller zu Tage.

Dass auch die Pläne von Hofbaumeister Laves nicht vorbehaltlos als Grundlage für die Rekonstruktion herangezogen werden konnten, verdeutlicht die Überlagerung der Entwurfszeichnungen mit maßstäblich entzerrten Fotografien des ursprünglichen Schlosses (Abb. 59). Zwar geben die Zeichnungen den Bau grundsätzlich richtig wieder, doch war es bei der Ausführung um 1820 im Detail, beispielsweise hinsichtlich der Höhe der Obergeschossfenster, zu Änderungen gekommen. Die Rekonstruktion der Fassaden stützt sich daher vorrangig auf entzerrte historische Fotografien, wobei sowohl die Größe erhaltener Bauteile wie auch Maßeintragungen in mehreren historischen Bestandsplänen als Referenz herangezogen werden konnten. Besondere Bedeutung kommt hierbei einigen bislang unveröffentlichten Plänen aus dem Königlichen Hausarchiv zu, worunter der Erdgeschossgrundriss von Regierungsbaumeister Arens aus dem Jahre 1896 eine Sonderstellung einnimmt (Abb. 58), da er mit einer Vielzahl von eingetragenen Längenangaben grundlegend für die Anfertigung der Rekonstruktion gewesen ist. Auf dieser Grundlage entstand ein von den Bauforschern und Architekten Bernd Adam, Piet Jacobs und Robert Lindner erarbeiteter Satz von 16 Plänen, der das Herrenhäuser Schloss im Zustand von 1820 in Überlagerung mit der heute umgebenden Bebauung in allen relevanten Grundrissen, Ansichten und Schnitten zeigt (Abb. 60). Hinsichtlich der äußeren Gestalt folgt der Wiederaufbau detailliert dieser Rekonstruktion. Abweichungen gibt es lediglich im Bereich der nördlichen Kopfbauten, die in moderner Gestalt verkürzt ausgeführt wurden, da sich sonst Überschneidungen mit dem im Nordosten gelegenen Glasfoyer von Arne Jacobsen sowie dem nordwestlich ans Schloss anschließenden Restaurant ergeben hätten, sowie bei einigen wenigen historischen Fensterstandorten, die aufgrund aktueller Bauvorschriften zu Fluchttüren erweitert werden mussten. All diese Veränderungen wurden mit einem denkmalpflegerischen Beirat abgestimmt, der mit führenden Vertretern der staatlichen Denkmalpflege sowie Professoren mehrerer Hochschulen besetzt war.

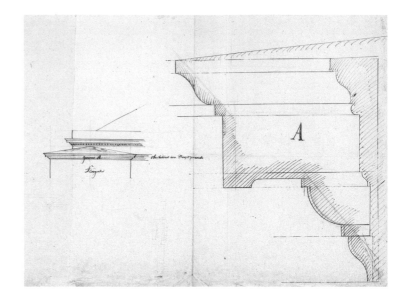

Abb. 57 Georg Ludwig Friedrich Laves, Detailentwurf in Originalgröße für das Traufgesims an den Kopfbauten im Obergeschoss des Schlosses, Zeichnung, um 1819, Stadtarchiv Hannover I
Fig. 57 Georg Ludwig Friedrich Laves, original-size design detail for the cornice on the buildings on the roofs of the side wings, drawing, c.1819, Stadtarchiv Hannover

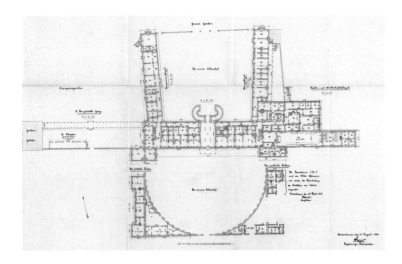

Abb. 58 Erdgeschossgrundriss der Schlossanlage, Bestandsplan mit Maßeintragungen von Regierungsbaumeister Arens, Zeichnung, 1896, Niedersächsisches Landesarchiv – Hauptstaatsarchiv Hannover, Königliches Hausarchiv | Fig. 58 Plan of the ground floor of the palace as built, with dimensions entered by government architect Arens, drawing, 1896, Niedersächsisches Landesarchiv – Hauptstaatsarchiv Hannover, Königliches Hausarchiv

survey of the complex, revealed that none of the surviving sets of plans represented the form of the historic buildings with complete accuracy. In order to ascertain the precise ground plan and position of the palace, therefore, excavations were carried out between September 2009 and May 2010 near the outer edges of the buildings that had been destroyed in the war. The Lower Saxony State Heritage Office was also involved in these excavations. In addition to a number of sections of the foundations, a survey of which allowed the former position of the palace to be confirmed, the excavations also revealed the seventeenth-century court wine cellar in the vicinity of the west gate to the main courtyard, and a heating cellar under the main staircase, dating from 1861.

That the plans drawn up by Laves could not be relied upon absolutely was also made clear by the superimposition of the design drawings with photographs (rectified for scale) of the original palace (fig. 59). While in principle the drawings depict the building correctly, certain detailed changes were made during its construction in c.1820, for example in the height of the upper-storey windows. The reconstruction of the façades was thus based primarily on the graphic rectification of historic photographs, with additional reference material being provided by the size of surviving elements of the building, and also dimensions entered in a number of historic plans. Particularly important in this connexion were hitherto unpublished plans from the royal domestic archive. The ground-floor plan drawn up by the government architect Arens in 1896 (fig. 58) is especially noteworthy, as the numerous indications of length entered on it were fundamental to the preparation of the reconstruction. It was on this basis that the building researchers and architects Bernd Adam, Piet Jacobs and Robert Lindner drew up a set of 16 plans that show Schloss Herrenhausen, as it was in 1820, superimposed on the present-day surrounding buildings in all the relevant plans, elevations and sections (fig. 60). As for the external appearance, the rebuilding follows this reconstruction in detail. There are deviations only in the area of the north ends, which were made shorter in order to avoid overlaps with Arne Jacobsen's glass foyer to the north-east and the restaurant adjoining the palace to the north-west, and in a few historic window locations, which had to be enlarged as emergency exits in line with current building regulations. All these changes were agreed on with an advisory panel representing the heritage interest, which included leading representatives of the state heritage authorities and professors from a number of universities.

The reconstruction of an historic building, however, not only demands certainty regarding its size, shape and position, but also raises the question of the original building materials. Laves's façades were primarily in plaster, marked to look like stone, and structured by timber cornices and balustrades. In order to ensure a total impression that was as true to the original as possible, the plaster surfaces with their incised 'joins' were also executed by hand when the palace was rebuilt. With their

Abb. 59 Überlagerung einer Entwurfszeichnung von Georg Ludwig Friedrich Laves für die Umgestaltung der Gartenfassade mit einer entzerrten Fotografie des 1819 realisierten Baubestandes. I Fig. 59 Superimposition of a design drawing by Georg Ludwig Friedrich Laves for the refashioning of the garden front with a restored photograph of the building as executed in 1819

Die Rekonstruktion eines historischen Gebäudes erfordert jedoch nicht nur Gewissheit über die räumliche Gestalt, sondern wirft zugleich die Frage nach den ursprünglichen Materialien auf. Die von Laves geschaffenen Fassaden waren vorrangig durch gequaderten Verputz sowie hölzerne Gesimse und Balustraden gegliedert. Um einen dem Vorbild möglichst getreuen Gesamteindruck zu gewährleisten, wurden die Putzoberflächen mit ihrer eingeritzten Fugengliederung auch beim Wiederaufbau handwerklich gefertigt. Die Gesimse und Balustraden entsprechen mit ihrem vollflächigen Anstrich ebenfalls dem historischen Erscheinungsbild, obwohl sie nicht in der traditionellen Form in Holz, sondern in Beton zur Ausführung gekommen sind. Auch der Rohbau wurde nicht, wie im Original, aus Fachwerk, sondern aus Mauerwerk und Stahlbeton errichtet, doch tritt diese der Dauerhaftigkeit der Konstruktion geschuldete Entscheidung nicht in Erscheinung. Bereits die von Laves konzipierten Fassaden umschlossen den ursprünglichen Baukörper im Sinne einer klassizistischen Verkleidungsarchitektur, mit der die Materialität des Rohbaus bewusst verdeckt wurde. In diesem Sinne lebt die ursprüngliche Gestaltungsidee im Wiederaufbau fort.

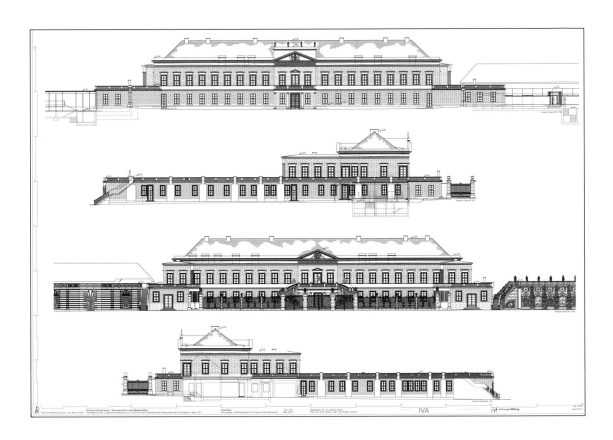

Abb. 60 Bernd Adam, Piet Jacobs und Robert Lindner, Rekonstruktion der Hauptansichten des Herrenhäuser Schlosses im 1820 erreichten Ausbauzustand in Überlagerung mit den Bestandsplänen der vor Ort erhaltenen Baulichkeiten, Plan, 2010 | Fig. 60 Bernd Adam, Piet Jacobs and Robert Lindner, reconstruction of the main views of Schloss Herrenhausen as it was in 1820 overlaid with the plans of the surviving buildings on the site, plan, 2010

all-over coat of paint, the cornices and balustrades also look like the originals, although they are not in traditional timber, but made of concrete. Likewise, the shell of the new building, unlike the old, is not timber-framed either, but of masonry and reinforced concrete, but this decision, taken on grounds of durability, has no visible effect. Laves's façades already enclosed the original building in the spirit of a neoclassical 'disguise' architecture, which deliberately concealed the materials used for the shell. In this sense, the original design concept lives on in the palace as rebuilt.

Der Große Garten

Iris Lauterbach

Der Große Garten in Herrenhausen ist einer der bedeutendsten barocken Gärten Deutschlands und besitzt eine Ausstrahlung, die weit über Hannover hinausreicht. Trotz einer grundsätzlichen Neugestaltung im 20. Jahrhundert ist die Grundstruktur der barocken Anlage mehr als dreihundert Jahre nach ihrer Entstehung noch heute deutlich zu erkennen: im orthogonalen und diagonalen Verlauf der von Hecken gesäumten Wege und der baumbestandenen Alleen ebenso wie in der Abfolge der ornamental angelegten Beete – der Parterres – vor dem Gartenhof des Schlosses und dem durch Gehölze gestalteten Boskettbereich (Abb. 21, 61).

Das Herrenhäuser Schloss und der Garten entstanden in der Regierungszeit von Herzog Johann Friedrich (reg. 1665–1679) und wurden durch seinen Bruder und Nachfolger Herzog Ernst August (reg. 1679–1698) erweitert und ausgebaut. Insbesondere aber verbindet sich der Name der Kurfürstin Sophie (1630–1714), Ernst Augusts Gemahlin, mit der berühmten Gartenanlage. Von ihr gingen die maßgeblichen Impulse für die Gestaltung des Gartens aus. 1713, ein Jahr vor ihrem Tod, der sie bei einem Spaziergang in Herrenhausen ereilte, blickte Sophie mit Stolz auf ihr Werk und mahnte zugleich zur ausreichenden Finanzierung: »Nur mit dem Herrenhäuser Garten können wir prunken, der in der Tat schön und wohl gehalten ist, aber das lässt sich nicht ohne Unkosten machen. Er kostet 6000 Taler jährlich, aber er ist so sauber und gut in Stand, dass man allzeit darin spazieren kann.« Sophies große Wertschätzung ihres Gartens schlägt sich in zahlreichen persönlichen Äußerungen nieder. Sie hinterließ einen so umfangreichen Briefwechsel wie kaum eine andere Fürstin ihrer Zeit. Sophie korrespondierte mit Familienangehörigen – etwa mit ihrem Bruder, dem Pfälzer Kurfürsten, der in Brandenburg verheirateten Tochter Sophie Charlotte und Enkelin Sophie Dorothea sowie ihrer als Briefeschreiberin nicht minder begabten Nichte Elisabeth Charlotte (Liselotte) von der Pfalz, die seit 1671 mit dem Bruder des französischen Königs verheiratet war – und pflegte einen intensiven Gedankenaustausch mit bedeutenden Wissenschaftlern, allen voran mit dem am Hof als Bibliothekar angestellten Universalgelehrten Gottfried Wilhelm Leibniz (1646–1716). Sophies

The Great Garden

Iris Lauterbach

The Great Garden of Herrenhausen is one of *the* great Baroque gardens in Germany and its fascination extends far beyond Hanover. In spite of a thorough makeover in the twentieth century, its basic structure can still, more than 300 years after it was laid out, be discerned: in the orthogonal and diagonal arrangement of the avenues and hedge-lined paths, in the sequence of ornamental parterres in front of the garden courtyard, and in the bosquet area (fig. 21, 61).

Schloss Herrenhausen and its garden date from the time of Duke John Frederick (r. 1665–1679); they were extended by his brother and successor Duke Ernest Augustus (r. 1679–1698). Most of all, though, the garden is associated with the name of the latter's consort, the Electress Sophia (1630–1714). It was she who provided the major impetus for the general layout of the garden. In 1713, a year before her death while walking in Herrenhausen, she looked out with satisfaction on her work, but at the same time warned against penny-pinching in this area: 'Only with the Herrenhausen garden can we make a display. It really is attractive and well maintained, but that cannot be done without expense. It costs 6,000 talers a year, but it is so clean and well kept that one can take a walk in it at any time.' Sophia's appreciation of her garden is reflected in numerous personal statements. She left a correspondence unparalleled in its extent by that of almost any other noble lady of the period. Among those with whom she exchanged letters were relations – for example her brother, the Elector Palatine, her daughter Sophia Charlotte, who was married to the elector of Brandenburg, her granddaughter Sophia Dorothea, and her niece Elisabeth Charlotte (Liselotte) of the Palatinate, a no less talented letter-writer, who since 1671 had been married to the brother of the king of France. But she also maintained an intense exchange of ideas with important scientists and scholars, most significantly with the polymath Gottfried Wilhelm Leibniz (1646–1716), who was employed as court librarian. Sophia's stated views on garden design in general and Herrenhausen in particular reveal that she took great pleasure in the sensory world of the garden, and that the Great Garden of Herrenhausen was an integral part of her courtly existence, a place of physical and emotional recreation, providing 'space' for mind and spirit.

Aussagen zur Gartenkunst im Allgemeinen und zu Herrenhausen im Besonderen lassen erkennen, dass die sinnliche Welt der Gärten sie begeisterte und dass der Große Garten in Herrenhausen ein integraler Bestandteil ihrer höfischen Lebenswelt war, ein Ort physischer und seelischer Rekreation ebenso wie ein Freiraum des Geistes.

Die politischen Auseinandersetzungen und die Verwüstungen des Dreißigjährigen Krieges (1618–1648) hatten in Deutschland auch zur Folge, dass in den Städten und Fürstentümern nur wenige neue Lustgärten angelegt wurden; militärische Verpflichtungen gingen vor. Anders als in Italien, den Niederlanden oder Frankreich setzte in Deutschland erst seit den 1670er- und mehr noch den 1680er-Jahren ein regelrechter Aufschwung in der Entwicklung der Gartenkunst ein. Gestalterische Vielfalt charakterisiert die deutschen Gartenanlagen dieser Zeit bis um 1700. Meist gaben die jeweiligen dynastischen Verbindungen, die regionale Ausrichtung der Fürstentümer und Städte wie auch persönliche Eindrücke der Auftraggeber die künstlerische Orientierung vor. Der französische Hof Ludwigs XIV. (reg. 1661–1715) stellte zwar auch im Bereich der Gartenkunst ein dominierendes Vorbild dar, andere, geografisch näher gelegene Anlagen wirkten jedoch gleichfalls inspirierend. So speiste sich die Gestaltung des Großen Gartens von Herrenhausen aus verschiedenen – italienischen, französischen ebenso wie niederländischen – Quellen und bildete ein Ensemble, in dem sich die politischen Geltungsansprüche der Auftraggeber ebenso ausdrückten und spiegelten wie ihre künstlerischen Ambitionen und ihre höfischen Nutzungsgewohnheiten.

Abb. 61 Der Große Garten von Herrenhausen, Blick über die Mittelachse nach Süden I Fig. 61 The Great Garden at Herrenhausen: view along the central axis looking south

Die erste Planungsphase unter Herzog Johann Friedrich

Ausgangspunkt der Anlage war ein 1638 in dem nordwestlich vor Hannover gelegenen Dorf Höringhusen eingerichtetes Gut, dessen Nutzgarten die Hofküche des städtischen Residenzschlosses mit Gemüse und Obst zu versorgen hatte. Schon bald nach seinem Regierungsantritt 1665 setzte Herzog Johann Friedrich den Ausbau des Gutes zur Sommerresidenz in Gang, die nun den ambitionierteren Namen »Herrenhausen« erhielt. Die Fassade des Hauptgebäudes, des Corps de Logis des Schlosses, war zu der nach Hannover führenden Straße ausgerichtet (Abb. 1, 2). Nach Süden hin flankierten zwei eingeschossige Flügelbauten einen Wirtschaftshof, der sich zum Lustgarten öffnete.

Von Anfang an gingen internationale Anregungen in das Konzept der Anlage ein. Johann Friedrich, der Frankreich und Italien von Reisen kannte, engagierte Experten für die verschiedenen spezialisierten Gewerke, etwa die Gestaltung der Grotte und der Beetpartien, und lud Fachleute von befreundeten Höfen zur Konsultation ein. Die Anteile der einzelnen Gärtner und Architekten an Entwurf und Ausführung des Großen Gartens sind nicht klar voneinander abzugrenzen. Namentlich bekannt sind der aus Venedig gebürtige Architekt Hieronymo Sartorio, der vom dänischen Königshof angeworbene

französische Brunnenmeister Marinus Cadart, der seit 1670 in Celle am Hof von Herzog Georg Wilhelm tätige französische Gärtner Henri Perronet, der 1675 eingestellte Hofgärtner Anton Heinrich Bauer sowie von 1673 bis 1675 ein unter dem Namen Pietro Meccage geführter italienischer Gärtner.

Ein italienisch beschrifteter Entwurf aus der ersten Planungsphase um 1674, der Sartorio zugeschrieben wird, zeigt den Lustgarten als orthogonal gegliederte Anlage, die auf drei Seiten von Kanälen und Laubengängen eingefasst wird (Abb. 62). Die vom Schloss ausgehende Mittelachse setzt sich zwischen zwei Fischbecken als eine von Wassergräben gesäumte, vierreihige Pappelallee in Richtung Leine fort; die Disposition der Fischbassins als Auftakt oder Abschluss eines Gartens findet sich häufig in den Gärten Oberitaliens. Der Lustgarten hat in Sartorios Entwurf quadratischen Zuschnitt und untergliedert sich in regelmäßig angeordnete Beetquartiere, deren Gestaltung an die Ornamententwürfe des italienischen Renaissance-Architekten Sebastiano Serlio erinnert. Brunnen an den Schnittpunkten der Wege repräsentieren das Element Wasser. Abseits des eigentlichen Gartens liegt ein vom Schloss nur über einen weiten Umweg zu erreichendes Heckenlabyrinth. Südlich der Fischbecken schließt sich zu beiden Seiten der Mittelachse ein Obstgarten in regelmäßiger Rasterpflanzung an. Tatsächlich wurden aus Hamburg, Frankreich und Amsterdam Ende der 1670er-Jahre viele Gehölze, vermutlich vor allem Obstbäume, nach Herrenhausen geliefert.

Von Anbeginn war Wasser eines der elementaren gestalterischen Strukturelemente des Großen Gartens. Entsprechend waren die Planungen begleitet von dem Bemühen um eine ausreichende Wasserversorgung. Etwas erhöht nordwestlich des Schlosses baute der seit 1674 hier tätige Brunnenmeister Marinus Cadart zwei heute verlorene Wasserreservoirs. Aus dieser ersten Entwicklungsphase erhalten sind jedoch die – später komplett umgestaltete – Grotte und die Große Kaskade, die jeweils am Ende der Schlossflügel den Übergang zum Garten vermitteln (Abb. 5, 12). Grotten, die wie in Herrenhausen eine architektonisch gestaltete Außenfassade aufwiesen und im Inneren mit Glas- und Spiegelelementen sowie natürlichen Materialien wie Tuffstein, Erzen, Muscheln, Schnecken oder Korallen kunstvoll ausgekleidet waren, gehörten seit dem späten 16. Jahrhundert zu den repräsentativen Ausstattungsstücken höfischer Gärten in Mitteleuropa. Italienische Gärten boten Vorbilder für diese Bravourstücke der Naturimitation. Auch die in der Mitte der 1660er-Jahre in Versailles errichtete, dem Gott Apoll und der Göttin Thetis gewidmete Grotte war ein berühmtes Beispiel für den kunstvollen Einsatz der natürlichen Materialien und des Elements Wasser in einem solchen kleinen Lustgebäude, das, wie auch die Kaskaden, Erfrischung an heißen Tagen versprach. Auf den Dächern der Seitenflügel von Schloss Herrenhausen luden terrassenähnliche Altanen zum Lustwandeln ein und boten von erhöhtem Standpunkt aus einen Ausblick auf den Garten und die umgebende Landschaft.

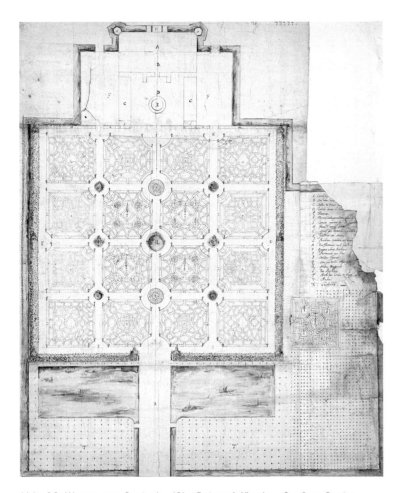

Abb. 62 Hieronymo Sartorio (?), Entwurf für den Großen Garten, um 1674, Zeichnung, Hannover, Niedersächsisches Landesarchiv – Hauptstaatsarchiv | Fig. 62 Hieronymo Sartorio (?), Design for the Great Garden, c.1674, drawing, Hanover, Niedersächsisches Landesarchiv – Hauptstaatsarchiv

One of the consequences in Germany of the political conflict and the resulting devastation of the Thirty Years' War (1618–1648) was that few new pleasure gardens were laid out, either in the free cities of the Empire or in the principalities: military obligations took priority. Unlike Italy, the Netherlands or France, Germany did not experience a proper revival in garden design until the 1670s, and more especially the 1680s. German garden design in the second half of the seventeenth century and around the turn of the eighteenth is characterized by imaginative variety. For the most part, the artistic programme was laid down by the individual dynastic connexions, the regional orientation of the principalities and cities, and the personal preferences of the clients. While the French court of Louis XIV (r. 1661–1715) represented a dominant influence in garden design as in much else, other, geographically closer complexes also provided inspiration. Thus the Great Garden of Herrenhausen drew on various sources – Italian, French and Dutch – and constituted an ensemble that expressed and reflected the client's political aspirations no less than his artistic ambitions and the utilitarian needs of his court.

The first planning phase under Duke John Frederick

The beginnings of the whole complex are to be found in 1638 in the manor of Höringhusen to the north-west of the city; its vegetable garden and orchard had the obligation to supply the kitchen of the Leineschloss, the city palace where the ruler resided, with fruit and vegetables. Soon after inheriting the dukedom in 1665, John Frederick set about expanding the manor as a summer residence, which was now given the programmatic name 'Herrenhausen'. The façade of the main building of the palace faces on to the road leading to Hanover (fig. 1, 2). To the south, two single-storey wings flanked a utility courtyard that opened on to the pleasure garden.

From the outset, international stimuli played their part in the concept. Duke John Frederick, who was familiar with France and Italy from his travels, engaged experts for the various specialized tasks, such as the design of the Grotto and the parterre, or else invited them from friendly courts to provide advice. The share any one individual gardener or architect might have had in the design and execution of the Great Garden is impossible to determine. We know the names of the Venetian-born architect Hieronymo Sartorio, the French fountain designer Marinus Cadart, who was brought in from the royal Danish court, the French gardener Henri Perronet, who had been employed at the court of Duke George William in Celle since 1670, the court gardener Anton Heinrich Bauer, who was engaged in 1675, and an Italian gardener by the name of Pietro Meccage, who was employed between 1673 and 1675.

A design with inscriptions in Italian from the first planning phase, c.1674, attributed to Sartorio, shows the pleasure garden as a complex arranged on a grid pattern, enclosed on three sides by

Die Blütezeit des Gartens unter Ernst August und Sophie: 1680–1714

Nachdem Herzog Johann Friedrich im Dezember 1679 gestorben war, verlegten sein Bruder und Nachfolger Ernst August und dessen Gemahlin Sophie 1680 ihre Residenz von Osnabrück nach Hannover. Der neue Herzog hegte hohe politische Ambitionen, die mit großen finanziellen Anstrengungen und einer Steigerung des höfischen Aufwandes einhergingen. Mit der Erhebung des Landes zum Kurfürstentum 1692 erzielten seine Bemühungen schließlich den gewünschten Erfolg.

Im Zusammenhang mit einer angestrebten oder bereits erfolgten Statusanhebung war der Ausbau der Sommerresidenz und vor allem ihres Gartens ein wichtiger Bestandteil offensiver fürstlicher Repräsentationsstrategie. Dies ist an deutschen Höfen des 17. und frühen 18. Jahrhunderts häufig zu beobachten, so auch beim Heidelberger Schlossgarten des pfälzischen Kurfürsten – und später böhmischen Königs – Friedrich, beim Münchner Hofgarten des bayerischen Herzogs Maximilian I., der 1623 die Kurwürde erhielt, ebenso bei den Gärten des sächsischen Kurfürsten und späteren Königs von Polen, Augusts des Starken, sowie den Anlagen des bayerischen Kurfürsten Max Emanuel, der sich im Zuge des spanischen Erbfolgekrieges Hoffnungen auf den Kaiserthron machte. Vor dem Hintergrund politischer Überlegungen sind auch die weiteren aufwendigen Planungen für den Großen Garten nach dem Tod Ernst Augusts zu verstehen: Denn 1701 war Sophie durch die Neuordnung der englischen Thronfolge durch das Parlament zur designierten Nachfolgerin Königin Annes geworden, und ihr Sohn Georg Ludwig sollte 1714 als erster Hannoveraner den englischen Thron besteigen.

Die Anlage eines großen Lustgartens war ein entscheidender und qualifizierender Punkt in der Selbstdarstellung des frühneuzeitlichen Fürsten, der hier seine Herrscherqualitäten außerhalb militärischer und staatspolitischer Leistungen im friedlichen Rahmen des Künstlerischen vor Augen führen konnte.

Größe und Großartigkeit des Herrschers spiegelten sich gleichsam in Größe und Großartigkeit der Gartenanlage. Die als territoriales Konzept verstandene räumliche Ausdehnung war diesbezüglich ebenso sinnfällig wie die Länge der in die Landschaft ausgreifenden Alleen und Blickachsen und die Höhe der wie in einer natürlichen Eruption zum Himmel geschleuderten Wasserfontänen. Hierarchie und Abstufung lassen sich in der Gestaltung der Gartenbereiche erkennen, die auf eine Wahrnehmung vom fürstlichen Schloss aus kalkuliert ist. Im Alltag und bei besonderen Veranstaltungen und Festen bot ein höfischer barocker Garten wie der Große Garten in Herrenhausen den Besuchern und Spaziergängern Freude an sinnlichen Naturwahrnehmungen und Entspannung und rief Staunen und Entzücken angesichts überraschender Lustbarkeiten hervor.

In Hannover stand dem Herzog in Sophie eine Gemahlin an der Seite, die sich mit dauerhafter Begeisterung an die Planung des Herrenhäuser Gartens begab. Aus Osnabrück ließ das Herzogspaar 1683 den

Abb. 63 Pierre Nicolas Landersheimer, Gesamtplan von Schloss und Garten Herrenhausen, um 1735, Zeichnung, Hannover, Niedersächsisches Landesarchiv – Hauptstaatsarchiv I Fig. 63 Pierre Nicolas Landersheimer, Overall plan of Herrenhausen palace and garden, c.1735, drawing, Hanover, Niedersächsisches Landesarchiv – Hauptstaatsarchiv

canals and pergolas (fig. 62). The central axis, starting at the palace, continues towards the Leine between two fish ponds as an avenue lined on each side by two rows of poplars and by ditches. This arrangement of fish ponds as the 'opener' or the 'finale' is frequent in northern Italian garden design. The pleasure garden in Sartorio's plan is square, and has beds in each quarter, whose design recalls the ornamental compositions of the Italian Renaissance architect Sebastiano Serlio. The water element was represented by fountains at the intersections of the paths. To one side of the actual garden is a hedge maze, which could have been accessed from the palace only by taking a considerable detour. To the south of the fish ponds on both sides of the central axis is an orchard planted in a regular grid pattern – and indeed it is documented that numerous trees and shrubs, presumably mainly fruit trees, were delivered from Hamburg, France and Amsterdam in the late 1670s.

From the outset, water was one of the basic structural design elements of the Great Garden. Accordingly, the plans were accompanied by efforts to ensure an adequate water supply. On an elevation to the north-west of the palace, the fountain master Marinus Cadart, who had been working here since 1674, built two reservoirs, which are no longer extant. However, what has survived from this first planning phase are the Grotto (albeit now totally redesigned) and the Great Cascade, which form the transition to the garden from the ends of the two side wings of the palace (fig. 5, 12). Since the late sixteenth century, grottoes, which, like the one at Herrenhausen, displayed an architectural exterior and were elaborately fitted out inside with mirrors and glass elements, along with natural materials such as tufa, ores, shells and corals, had been a standard feature of courtly gardens in central Europe. Italian gardens provided the models for these flamboyant imitations of nature. The grotto erected in the mid-1660s in Versailles, dedicated to the god Apollo and the goddess Thetis, was another famous example of the artistic use of natural materials and water in a little pleasure building, which, like the waterfalls, promised refreshing coolness on hot days. The terraces on the roofs of these low side wings not only allowed promenades, but also provided an elevated belvedere, in an otherwise flat terrain, with a view of the courtyard with its ornamental railings, the garden, the city of Hanover in the middle distance, and the surrounding countryside.

The heyday of the garden under Ernest Augustus and Sophia: 1680–1714

In December 1679, Duke John Frederick died. The following year, his brother and successor Ernest Augustus and the latter's consort, Sophia, moved their residence from Osnabrück to Hanover. Ernest Augustus's political ambitions went hand in hand with major financial efforts and an increase

französischen Gärtner Martin Charbonnier (um 1655–1720) kommen, auf den die Gestaltung und Erweiterung des Großen Gartens im Wesentlichen zurückgeht; sein Sohn Ernst August sollte später ebenfalls in Herrenhausen tätig werden. Aus Osnabrück wurden 1685/86 auch die kostbaren Orangeriegewächse überführt. Zwischen 1689 und 1692 erfolgte ein erster maßgeblicher Ausbau des unter Johann Friedrich angelegten Lustgartens: Im Zusammenhang mit der Planung eines neuen Orangeriegebäudes mit einem monumentalen, repräsentativen Festsaal, der heute noch erhaltenen Galerie aus dem Jahre 1694 (Abb. 63), entstanden als Festraum im Freien das Heckentheater und der »Königsbusch«.

In einem weiteren Schritt begann man 1696 mit der Erweiterung des Gartens durch die Verdoppelung des Geländes Richtung Süden, was eine gewaltige proportionale Veränderung der gesamten Anlage sowie des Verhältnisses von Schloss und Garten bedeutete (Abb. 6, 63, 64). Wohl zur Bewältigung dieser Aufgabe wurde Charbonnier im Jahr darauf mit Anton Spannuth (gest. 1714) ein weiterer Gärtner zur Seite gestellt. Die in Höhe und Ausdehnung relativ bescheidene Größe des Schlosses ebenso wie die ungewöhnliche Disposition mit den in den Garten ausgreifenden Seitenflügeln erklären sich aus der Entstehungsgeschichte der Anlage als Gutshof. Nur ein einziger, auf um 1690 zu datierender, nicht realisierter Plan verweist auf Überlegungen des Herzogs, in Herrenhausen eine monumentale Schlossanlage zu errichten, die in einem ausgewogenen Größenbezug zum Garten gestanden hätte und den Vergleich mit anderen namhaften Anlagen in Europa nicht hätte scheuen müssen (Abb. 4). Der vergrößerte Garten sollte sich einem langgestreckten Gebäude unterordnen, das die ganze Breite des Gartens einnehmen und die architektonischen Unzulänglichkeiten des bestehenden Schlossbaus kaschieren sollte.

Als Herzog Ernst August 1698 verstarb, waren die Arbeiten am Großen Garten noch im Gange. Testamentarisch hatte er Herrenhausen als Witwensitz für Sophie verfügt und einen jährlichen Unterhaltsbetrag für den Garten und die Wasserkünste festgesetzt, der sich jedoch als nicht ausreichend erwies. Die Kurfürstin übergab den Garten daher an ihren Sohn Georg Ludwig (reg. 1698–1727), der die Anlage, unterstützt von seiner Mutter, bis 1708 vollenden ließ.

Reiseeindrücke: Anregungen und Vorbilder

Die wichtigste inspirierende und ideelle Kraft hinter der Anlage des Großen Gartens in Herrenhausen war zweifelsohne Herzogin Sophie, die das Projekt mit großem Enthusiasmus begleitete. Auf zahlreichen Reisen durch Europa hatte sie in den Jahrzehnten zuvor ausreichend Gelegenheit gehabt, die Gärten internationaler Fürstenhäuser zu genießen und zu studieren. Auch wenn diese Eindrücke zu Beginn der Arbeiten in Herrenhausen bereits einige Zeit zurücklagen, dürften sie ihre Erwartungen und Vorstellungen bezüglich der Gestaltung und der Nutzung des Gartens maßgeblich beeinflusst haben.

Abb. 64 Joost van Sasse nach Johann Jakob Müller, Vogelschau auf den Großen Garten, Blick nach Norden, Kupferstich, um 1725 | Fig. 64 Joost van Sasse after Johann Jakob Müller, bird's-eye view of the Great Garden, looking north, copper engraving, c.1725

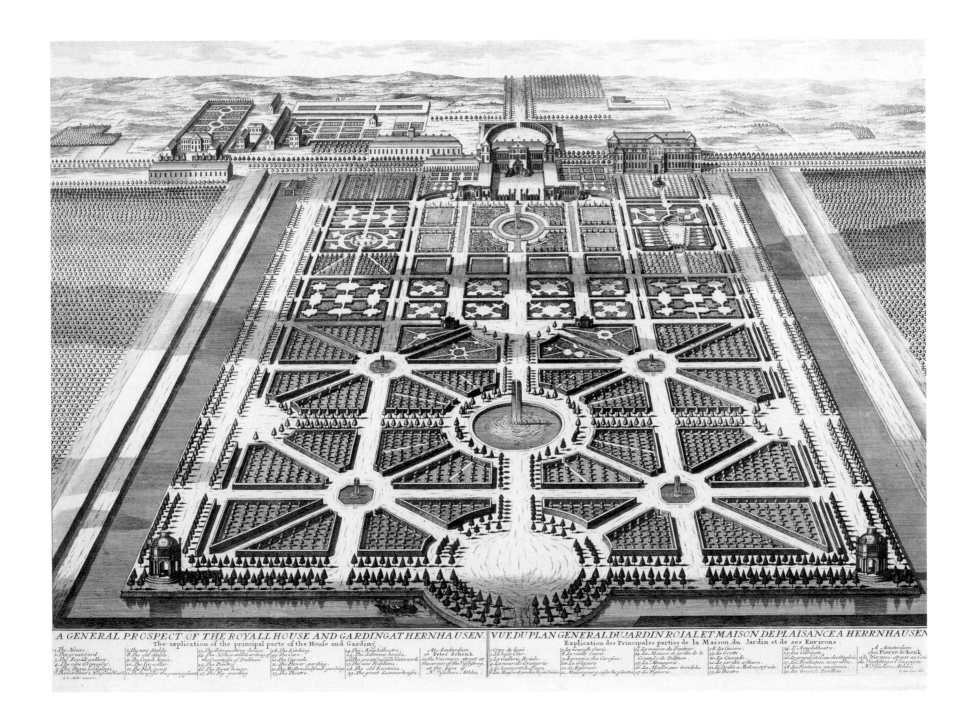

A GENERAL PROSPECT OF THE ROYALL HOUSE AND GARDING AT HERNHAUSEN. VUE DU PLAN GENERAL DU JARDIN ROIAL ET MAISON DE PLAISANCE A HERRNHAUSEN
The explication of the principal parts of the House and Garding.

Explication des Principales parties de la Maison, du Jardin et de ses Environs.

111

Sophie, eine Tochter des pfälzischen Kurfürsten Friedrich V., des »Winterkönigs«, und seiner Gemahlin Elisabeth Stuart, wurde während des Exils ihrer Eltern in Den Haag geboren und verbrachte Kindheit und Jugend in den Niederlanden. Mit dem Land der Grachten verband sie prägende Erinnerungen, und die Bedeutung, die sie den dortigen Gartenanlagen beimaß, zeigt sich nicht zuletzt in der Tatsache, dass sie 1696 ihren Gärtner Charbonnier auf eine Bildungsreise dorthin schickte. Auch der im 17. Jahrhundert berühmte Schlossgarten in Heidelberg, wo sie seit 1650 bei ihrem älteren Bruder, dem pfälzischen Kurfürsten Karl Ludwig, lebte, war ihr wohlvertraut. Nachhaltig beeindruckt war sie von den prächtigen Gärten Italiens, die sie 1664/65 auf einer knapp einjährigen Reise kennenlernte. In Venedig nahm sie zahlreiche Einladungen in die Villen und Gärten des venezianischen Adels auf der Terra ferma wahr. Insbesondere die Vergnügungen des venezianischen Karnevals erfreuten sich bei den europäischen Fürsten größter Beliebtheit, und nicht nur Ernst August und Sophie, sondern auch der bayerische Kurfürst Max Emanuel und der sächsische Kurfürst August hatten Gefallen daran, sich auf den Kanälen ihrer Sommerresidenzen von venezianischen Gondolieri in importierten Gondeln befördern zu lassen. Mit Begeisterung äußert sich Sophie über den Besuch eines Gartens in Verona, vermutlich des Giardino Giusti (Abb. 66), und anderer Villengärten, in denen Maskenbälle stattfanden: »Die Gärten dieses Landes sind so überirdisch schön, wie ich mir dies in meiner Vorstellung niemals hätte ausmalen können! Man muss zugeben, dass nichts an die italienischen Gärten heranreicht. Und das, obwohl es kein schöneres Land als die Pfalz gibt.« Seltene Düfte erfreuten sie, und ihrem Bruder Karl Ludwig sandte sie aus Venedig duftende Tuberosen. Einen großen Reiz übten Zitrusbäume und ihre Früchte auf die Herzogin aus. Schon in Holland, dessen Herrscherhaus Oranien die »goldenen Äpfel« auch heraldisch verwendete, hatte sie Pomeranzen und Zitronen kennengelernt, und ein frühes Porträt zeigt sie mit Zitrusfrüchten in der Hand (Abb. 65). Im Veneto dürfte sie erneut die Schönheit, den Duft und Geschmack der Pomeranzen und anderer Zitrusfrüchte genossen haben. Dort und am Gardasee hielt sich in den 1660er-Jahren auch der Nürnberger Kaufmann Johann Christoph Volkamer (1644–1720) auf. Er war derart von der Vielfalt und Üppigkeit der in den Gärten kultivierten Zitrusbäume fasziniert, dass er von 1708 bis 1714, lange nach seiner Rückkehr in die fränkische Heimat, sein bedeutendes und einflussreiches Werk zur Klassifikation und Kultivierung der Gattung Zitrus veröffentlichte, die *Nürnbergischen Hesperides* in zwei Bänden (Abb. 66). Aus der Hofbibliothek von Schloss Herrenhausen hat sich die Publikation Volkamers, versehen mit zahlreichen Anmerkungen, aus dem Besitz des Herrenhäuser Orangeriegärtners Georg Ernst Tatter (1689–1755) erhalten. Im Jahr von Sophies Tod, 1714, umfasste der Orangeriebestand bereits über 400 Zitrusbäume und einige Hundert mediterrane und exotische Kübelgewächse wie Lorbeer, Myrthe und Granatapfelbäume.

Abb. 65 Gerard van Honthorst, Bildnis der Prinzessin Sophie von
der Pfalz, um 1648, Öl auf Holz, Heidelberg, Kurpfälzisches
Museum I Fig. 65 Gerard van Honthorst, Portrait of Princess Sophia
of the Palatinate, *c.*1648, oil on wood, Heidelberg, Kurpfälzisches
Museum

in court expenditure. These endeavours came to fruition in 1692, when the duke became the ninth
elector of the Holy Roman Empire. The enlargement of the summer residence, and above all its garden, was an important part of any princely display-offensive in the context of a rise in status,
whether aimed at or already achieved. This can be observed frequently in German courts of the
seventeenth and early eighteenth centuries. Among other examples are the palace garden in Heidelberg, which was the residence of Frederick, Count Palatine and – briefly – king of Bohemia, the
court garden in Munich of Duke Maximilian I of Bavaria, who obtained the electoral dignity in
Frederick's place in 1623, the gardens of the elector of Saxony (and future king of Poland) Augustus
the Strong, and not least the palaces and gardens of the Bavarian elector Max Emanuel, who used
the War of the Spanish Succession (1701–1713) to further his own aspirations to supplant the Habs-
burgs on the imperial throne. It is against the background of political considerations that the further expensive plans for the Great Garden at Herrenhausen following the death of Ernest Augustus
should be seen. For in 1701, when it became clear that both King William III of England and his
heiress presumptive, Princess (later Queen) Anne, were likely to die childless, Parliament declared
that on the latter's demise the English throne would pass to Sophia, the granddaughter of James I,
and to 'the heirs of her body, being Protestants'. The Act took effect in 1714, when Sophia's son
George Louis, as George I, ascended the throne as the first Hanoverian king of Great Britain. The
laying out of a large pleasure garden was a crucial and essential point in the self presentation of the
early-modern prince, who could use it to demonstrate his qualities as a ruler in the peaceful context
of art, rather than in the field of military competence and statesmanship.

The grandeur and magnificence of the ruler were reflected in the grandeur and magnificence of
the garden. The spatial extent, understood as a territorial concept, was in this respect just as sym-
bolic as the length of the sightlines and the avenues extending out into the countryside, and the
height of the fountains spewing their jets into the heavens like some natural eruption. Hierarchy
and gradation can be seen in the layout of the various areas of the gardens, which are designed to
be viewed from the princely palace. Both in its everyday appearance and for special events and
festivals, a courtly Baroque garden such as the Great Garden at Herrenhausen offered visitors and
casual strollers the chance to take pleasure in the perception of nature, in relaxation, and in the
amazement evoked by unexpected delights.

In Hanover, the Duke had at his side, in Sophia, a consort who took up the planning of the gardens at Herrenhausen with undying enthusiasm. In 1683, the ducal couple summoned the French
gardener Martin Charbonnier (*c.*1655–1720), to whom the design and enlargement of the Great
Garden are largely due, and whose son Ernst August was later also to work at Herrenhausen. It was

Nach dem Aufenthalt in Venedig reiste die Herzogin über Bologna und Florenz in die Ewige Stadt. In Rom nutzte die standesbewusste Fürstin das höfische Inkognito, das es ihr ermöglichte, sich weitgehend uneingeschränkt von zeremoniellen Vorgaben und in Begleitung nur weniger Personen ihres Gefolges in der Stadt zu bewegen. Die schwedische Königin bot ihr ein Treffen im Garten ihres Palastes (vormals Palazzo Riario) an – ein aufschlussreiches Beispiel für die höfische Differenzierung des Gartens gegenüber Schloss oder Palast: Im reglementierten fürstlichen Umgang war der Freiraum eines Gartens der dem Inkognito angemessene Ort des zeremoniellen Zufalls und der ungezwungenen Begegnung.

Wie auch ihre Nichte Liselotte von der Pfalz, die sich wiederholt über die körperliche Trägheit der französischen Höflinge und Hofdamen mokierte, die »so lahm« seien »wie die Gänse«, beschwerte sich Sophie in Venedig über mangelnde Bewegungsfreiheit: »In diesem Land läuft man nicht; man fährt immer mit der Gondel, und die Gärten sind klein und selten.« In Rom war es zudem völlig unüblich, dass ehrbare Damen in der Stadt oder in den Villengärten spazieren gingen. Ihrer Verstimmung über die damit verbundene Einschränkung ihres Bewegungsdrangs verlieh die Protestantin Sophie mit antikatholischem Unterton und der ihr eigenen Deutlichkeit Ausdruck: »... ich ärgere mich darüber, dass diese garstigen bärtigen Kardinäle und dummen Exzellenzen die schönsten Häuser und Gärten der Welt besitzen, ohne sie zu nutzen und ohne dass eine Prinzessin in ihnen lustwandle. Wäre dies alles mein, so glaubte ich mich im Paradies, während die dort wirken, als seien sie durch ihre Knauserigkeit schon halb in der Hölle geröstet.« An ihren Bruder in Heidelberg schrieb Sophie 1665 aus Rom: »Ich lustwandle Tag für Tag zwischen Orangen- und Zitronenbäumen, Lorbeer und Myrten, aber sie gehören mir nicht (große Kränkung). Daher ziehe ich ihnen Eure Apfel-, Birnen- und Pflaumenbäume vor, so krumm sie auch sind, wurden sie doch von den würdigen Händen eines Königs [ihres Vaters, des pfälzischen Kurfürsten und Königs von Böhmen] und des Gärtners gepflanzt, dessen ich mich mit Eurer Genehmigung häufig bedienen kann.« Ferner erwähnt sie kurz die Wasserfontänen der Villengärten in Frascati als sehenswert.

Ein Jahr vor ihrem Umzug nach Hannover, 1679, unternahm Sophie eine Reise an den französischen Hof und besuchte bei dieser Gelegenheit sowohl ihre Schwester Louise Hollandine, Äbtissin der nahe Paris gelegenen Abtei Maubuisson, als auch ihre Nichte Liselotte, die das kurz zuvor fertiggestellte Schloss Saint-Cloud mit seinem an der Seine gelegenen Garten bewohnte. Umstandslos konnte Sophie dort aus den ihr zugewiesenen Räumen im Erdgeschoss in den Garten hinausschreiten, eine Freiheit, die ihr später auch bei ihrer Tochter Sophie Charlotte in Schloss Lietzenburg (Charlottenburg) in Berlin besonders gut gefiel.

Wie schon die Briefe der Italienreise 15 Jahre zuvor geben auch die französischen Reiseberichte zu erkennen, dass das Naturempfinden der Fürstin kein abstraktes war, sondern sich aus konkreten

Abb. 66 Ansicht des Giardino Giusti in Verona und eine krausblättrige Pomeranze, kolorierter Kupferstich aus Johann Christoph Volkamer, *Nürnbergische Hesperides*, Nürnberg 1714 I Fig. 66 View of the Giardino Giusti in Verona and a curly-leaved bitter orange, hand-coloured copper engraving from Johann Christoph Volkamer, *Nürnbergische Hesperides*, Nuremberg 1714

from Osnabrück, too, that the costly orangery plants were brought to Herrenhausen. The years between 1689 and 1692 saw a first significant extension of the pleasure garden laid out under John Frederick. In connexion with the planning of a new Orangery with a monumental show ballroom – the still-extant Galerie dating from 1694 (fig. 3) – the 'hedge theatre' was created as an open-air festive space, and also the 'Königsbusch' (lit. 'royal bushes', after the statuary it contained).

In a further stage, work started in 1696 on the enlargement of the garden by doubling the area of the terrain in an extension to the south. As a result, there was a huge change in the proportions of the total complex, in particular the relationship of the palace to the garden (figs. 6, 63, 64). Doubtless to help cope with this task, Charbonnier was given the services the following year of an additional gardener, Anton Spannuth (d. 1714). The modest height and ground area of the palace, together with its unusual orientation (with the side wings projecting into the garden) can be explained by the origin of the complex as a farmstead. Only one plan, dating from about 1690 but never implemented, suggests that the duke considered erecting a monumental palace at Herrenhausen on a scale that balanced the proportions of the garden and might have borne comparison with other renowned examples in Europe (fig. 4). The enlarged garden was to be subordinated to a long building that would be as broad as the garden itself, and conceal the architectural shortcomings of the existing palace. When Ernest Augustus died in 1698, work on the Great Garden was in full swing. In his will, he had designated Herrenhausen as the dower house for Sophia, and specified an annual sum for the maintenance of the garden and the water features. As this sum proved to be inadequate, however, the electress dowager made the garden over to her son George Louis (r. 1698–1727), who, with the support of his mother, had it completed by 1708.

Travel impressions: inspirations and models

The most important inspirational force behind the Great Garden complex in Herrenhausen was, without a doubt, Electress Sophia, who accompanied the project with great enthusiasm. On numerous journeys through Europe, she had, in the preceding decades, had adequate opportunity to study and enjoy the gardens of the international princely houses. Although these impressions already lay some time in the past when work started at Herrenhausen, they doubtless left their mark on her expectations and ideas regarding the appearance and utilization of the garden.

Sophia, a daughter of the Elector Palatine Frederick V, the 'Winter King' of Bohemia, and his consort, Elizabeth Stuart, was born in The Hague, where her parents were in exile, and spent her childhood and youth in the Netherlands. She had vivid memories of the land of canals, and the importance she attached to the gardens there is reflected not least in the fact that in 1696 she sent her

Veuë generale de Liencour

A Paris chez N.Langlois, rue S.Jacques à la Victoire, avec Privilege du Roy.

Abb. 67 Adam Perelle, Vogelschau auf Schloss und Garten in Liancourt, um 1716, Kupferstich I Fig. 67 Adam Perelle, bird's-eye view of palace and garden in Liancourt, c.1716, copper engraving

Sinneseindrücken speiste. Den Garten von Saint-Cloud etwa genoss sie als einen »durch das Rauschen der Kaskaden verzauberten schattigen Ort«, während sie den mit vielen Bosketts und schattigen Alleen angelegten, weitläufigen Garten von Liancourt (Abb. 67) als einen ausnehmend schönen, stillen Ort lobt, an dem sich der Geist entspannen könne. Sophies entschiedenes, aber beiläufiges Urteil speziell über die Wasserkünste von Versailles, die ihr einerseits zu kunstvoll, andererseits nicht prachtvoll genug erschienen, fügt sich ein in eine ganze Reihe zeitgenössischer kritischer Kommentare zu diesem berühmten Garten, den Ludwig XIV. laut dem Chronisten Saint-Simon in einem sumpfigen und modrigen Terrain ohne Aussicht hatte anlegen lassen. Von der Großartigkeit der Gesamtanlage hingegen, die dem politischen Rang des französischen Königs angemessen war, zeigte sich die Hannoveraner Herzogin überwältigt. Bei einem Diner wurden die schönsten Früchte aus dem Potager du Roi, dem königlichen Obst- und Gemüsegarten (Abb. 68), dargeboten – dergleichen hatte sie noch nie gesehen.

gardener Charbonnier there on a fact-finding mission. She was also very familiar with the garden in Heidelberg, well known in the seventeenth century, where she had lived after 1650 with her elder brother, the Elector Palatine Charles Louis. She was lastingly impressed by the splendid gardens of Italy, which she got to know in 1664/65 on a journey to Italy that lasted almost a year. In Venice, she was invited to numerous villas and gardens kept by the Venetian aristocracy on the mainland. The pleasures of the Venetian carnival were very popular with the European nobility, and not only Ernest Augustus and Sophia, but also the electors of Bavaria, Max Emanuel, and Saxony, Augustus, had themselves paddled around the canals of their summer residences in imported Venetian gondolas by imported Venetian gondolieri. Sophia was much taken by a visit to a garden in Verona, probably the Giardino Giusti (fig. 66), and the gardens of other villas, where masked balls were held: 'The gardens in this country are of a heavenly beauty such as I could never have imagined! One must admit that the Italian gardens are unparalleled. And that in spite of the fact that there is no more beautiful country than the Palatinate.' She was fascinated by exotic aromas, and from Venice she sent her brother Charles Louis fragrant tuberoses. Citrus trees and their fruits exerted a great attraction on the duchess. Even while she was still in Holland, where the ruling House of Orange used 'golden apples' as an heraldic emblem, Sophia had seen lemons and bitter oranges. An early portrait shows her holding two citrus fuits (fig. 55). In the Veneto, she probably got to enjoy the beauty, scent and taste of the bitter oranges and other citrus fruits once more. There and on Lake Garda, there lived in the 1660s the Nuremberg merchant Johann Christoph Volkamer (1644–1720), who was likewise so fascinated by the variety and luxuriance of the citrus trees cultivated in the gardens that from 1708 to 1714, long after returning home, he was inspired to publish his important and influential two-volume work on the classification and cultivation of plants in the genus *Citrus*, the *Nürnbergische Hesperides* (fig. 66). A copy from the court library at Herrenhausen still survives; with numerous annotations, it once belonged to the gardener of the Herrenhausen Orangery, Georg Ernst Tatter. In 1714, the year of Sophia's death, the Orangery already housed more than 400 citrus trees, and several hundred Mediterranean and exotic tub plants such as bay, myrtle and pomegranates.

After her stay in Venice, the duchess travelled via Bologna and Florence to Rome. While conscious of her princely status, she went about the city largely incognito, with just a few servants, so that she was largely spared the demands of protocol. Queen Christina of Sweden offered to meet her in the garden of her palazzo (the former Palazzo Riario) – a revealing example of the courtly distinction between the garden and the palace: in princely etiquette, the space offered by a garden was the appropriate place for relaxed 'chance' encounters when travelling incognito.

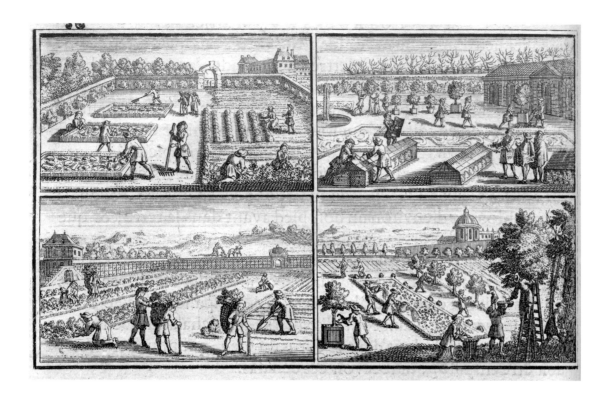

Abb. 68 Hofgärtner bei der Arbeit im Gemüse- und Obstgarten, Kupferstich aus Jean-Baptiste de La Quintinie, *Instructions pour les jardins fruitiers et potagers*, Paris 1730 | Fig. 68 Court gardener at work in the fruit and vegetable garden, copper engraving from Jean-Baptiste de La Quintinie, *Instructions pour les jardins fruitiers et potagers*, Paris 1730

Bereits aus den Reiseberichten der jungen Herzogin lassen sich außer dem ihr eigenen lebhaften Naturempfinden auch wesentliche Erwartungen ablesen, die sie im reiferen Alter an den Großen Garten in Herrenhausen stellte und die sich in dessen Anlage und Ausstattung spiegeln: Der Garten hatte den fürstlichen Status zu repräsentieren, Obst und seltene Früchte für die Tafel hervorzubringen und der – bis ins hohe Alter rüstigen – Kurfürstin Raum zu bieten in ihrem so gar nicht zeittypischen Bewegungsdrang zur Erhaltung der Gesundheit: »Wenn es den Beinen gut geht, dann auch dem Kopf, und wenn es dem Kopf gut geht, dann auch dem Rest.«

»Und ist nun der Garten meine einzige Freud« – der vollendete Barockgarten
Mehrere Pläne und Kupferstiche zeigen den Großen Garten in den Jahrzehnten nach seiner Anlage durch Martin Charbonnier. Um 1708 datiert eine frühe Vogelschau, die sowohl in der französisch-holländischen Beschriftung als auch in der Art der Gestaltung an Vogelschauen großer niederländischer Gärten, etwa Honselaarsdijk oder Rijswijk, erinnert (Abb. 6, 69). Auf diese Weise wird die

Like her niece Liselotte (Elisabeth Charlotte, the sister-in-law of Louis XIV), who was for ever making fun of the physical sluggishness of the French courtiers of both sexes ('lame as geese,' she called them), Sophia, while she was in Venice, complained of the lack of freedom of movement: 'No one walks in this country; they always take the gondola, and gardens are small and few.' In Rome, moreover, it was not at all customary for ladies of repute to go walking in the city or even in the gardens of the villas. It was with a distinct anti-Papist undertone, as well as her customary directness, that the Protestant Sophia gave voice to her annoyance at the consequent restriction on her urge to get around: '... I get furious that these vile bearded cardinals and stupid princely excellences own the most beautiful houses and gardens in the world without ever using them, and no princess ever goes strolling in them. If all this were mine, I would think I were in paradise, but you would think those people were already half-roasted in hell because of their miserliness.' To her brother in Heidelberg, Sophia wrote from Rome in 1665: 'I stroll every day among orange and lemon trees, bay trees and myrtles, but they do not belong to me (much mortified). That's why I prefer your apple, pear and plum trees, crooked as they are, for after all they were planted by the worthy hand of a king [their father, the Elector Palatine and king of Bohemia] and the gardener, of whose services I am, with your permission, often able to avail myself.' She briefly mentions the fountains in the gardens of the villas in Frascati as worth seeing.

In 1679, a year before her move to Hanover, Sophia travelled to the French court and took the opportunity to visit not only her sister Louise Hollandine, abbess of Maubuisson near Paris, but also her niece Liselotte, who occupied the recently finished Château de Saint-Cloud with its gardens on the banks of the Seine. There, she could simply step out into the garden from the ground-floor rooms assigned to her. She later took particular pleasure in this same freedom when visiting her daughter Sophia Charlotte at Schloss Lietzenburg (later renamed Schloss Charlottenburg in the latter's honour) in Berlin.

As was already apparent from the reports of her Italian journey 15 years earlier, the French reports suggest once again that a feeling for nature was, for the duchess, not something abstract, but drew on sensory impressions. She enjoyed the garden at Saint-Cloud as a 'shady place enchanted by the roaring of the waterfalls'. She described the extensive garden at Liancourt (fig. 67) with its numerous bosquets and shady avenues as an exquisitely beautiful, tranquil place, where the spirit could relax. Sophia's decisive, albeit casual, verdict on the water features at Versailles, which she found on the one hand too elaborate and on the other insufficiently magnificent, is in accord with a whole series of contemporary critical remarks concerning this famous garden, which King Louis XIV, according to the chronicler Saint-Simon, had had laid out in a marshy terrain with no view. The duchess from Hanover was, how-

Herrenhäuser Anlage diesen bedeutenden Vorbildern gleichsam ebenbürtig zur Seite gestellt – ein Ansinnen, dass vor dem Hintergrund der großen Bewunderung, die Sophie für die Gärten der Niederlande hegte, sicher nicht zufällig war. Zwei weitere große Vogelschauen sowie eine Serie von Einzelansichten druckte um 1725 Joost van Sasse nach einem Entwurf von Johann Jakob Müller, wodurch der Herrenhäuser Garten im Medium des Kupferstichs so repräsentiert wurde, wie dies für die großen barocken Anlagen der Zeit um 1700 üblich war (Abb. 64, 71, 74).

Der Große Garten bildet ein etwa 450 Meter breites und 800 Meter langes Rechteck und wird durch ein orthogonales Achsen-, Alleen- und Wegesystem gegliedert. Das flache Gelände, das im Bereich des Gartens auffälligerweise kaum modelliert wurde, unterscheidet den Großen Garten von prominenten anderen zeitgenössischen Anlagen: So zeigt etwa der von Sophie sehr geschätzte, 1685 angelegte und von 1689 an erweiterte Garten von Het Loo bei Apeldoorn in Holland deutlich mehr Bemühungen um Abwechslungsreichtum in der Terraingestaltung. Auch der in Konkurrenz zu Herrenhausen 1688 für Herzog Anton Ulrich von Braunschweig-Wolfenbüttel angelegte Garten in Salzdahlum bei Braunschweig weist ein wesentlich stärker abgestuftes Relief auf, während die natürliche Topografie des Bergparks des hessischen Landgrafen Karl in Kassel mit ihren steilen Hängen geradezu ideale Voraussetzungen für die Anlage spektakulärer Wasserkünste bot.

Unmittelbar vor dem Schloss liegt das breite, flach gelagerte Parterre, das Herzstück des barocken Gartens, das besonders aufwendig gestaltet wurde und seine Pracht dem Blick des Betrachters – insbesondere von den Dachterrassen seitlich des Gartenhofs aus – offen darbot. Die Vogelschau von um 1708 zeigt in der Mitte mit niedrigen Buchshecken angelegte ornamentale Beete, das Broderieparterre, flankiert von sogenannten *parterres à pièces coupées*, die Buchsornamente mit Rasenflächen kombinieren (Abb. 6). Wie spätere Ansichten belegen, waren diese kunstvollen Parterreformen bereits wenige Jahre später schlichteren Rasenparterres gewichen, die in der Zeit um 1700 als *parterres à l'angloise* bezeichnet wurden (Abb. 63, 64). Das heutige Parterre ist in seinen Details eine Neuschöpfung des 20. Jahrhunderts, die ornamentale Beetentwürfe aus einem seit dem frühen 18. Jahrhundert sehr verbreiteten und einflussreichen Werk aufgreift und in vereinfachter Bepflanzung übernimmt: dem durch zahlreiche Kupferstiche illustrierten, 1709 erschienenen Buch *La théorie et la pratique du jardinage* des französischen Autors Antoine-Joseph Dezallier d'Argenville. Ein umfangreicher Skulpturenschmuck aus 32 vorwiegend mythologischen Sandsteinstatuen bereichert das Parterre und betont dessen Bedeutung innerhalb der Gesamtanlage. Das Skulpturenprogramm verherrlicht den Fürsten, verkörpert durch den antiken Helden Herkules (Abb. 70), und seine Stellung in der Weltordnung, symbolisiert durch Personifikationen der Erdteile, der vier Elemente und der vier Jahreszeiten.

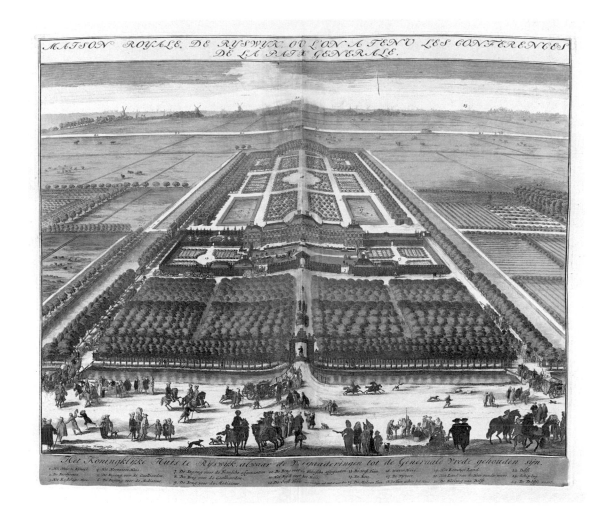

MAISON ROYALE DE RYSWIK, OU L'ON A TENU LES CONFERENCES DE LA PAIX GENERALE.

Abb. 69 Vogelschau auf Schloss und Garten von Rijswijk, um 1700, kolorierter Kupferstich | Abb. 69 Bird's-eye view of the palace and garden in Rijswijk, *c.*1700, hand-coloured copper engraving

ever, overwhelmed by the magnificence of the complex as a whole, which she found appropriate to the political status of the king of France. At a dinner, the finest fruits from the *potager du roi*, the royal fruit and vegetable garden, were served: she had never seen the like (fig. 68).

In addition to a lively feeling for nature, we can already see in these travel reports by the young duchess central expectations that, when she was older, she transferred to the Great Garden at Herrenhausen: the garden had to display the princely status of its owner, it had to produce fruit, some of it exotic, for the table, and it had to provide space for the electress (who remained active to a

Die heute im Westen an das Parterre angrenzende Aussichtsterrasse wurde ebenso wie das Labyrinth erst in den 1930er-Jahren angelegt. Der östlich des Parterres gelegene »Königsbusch« und das Heckentheater hingegen gehören zur barocken Anlage. Der »Königsbusch«, ein nach seiner Ausstattung mit Skulpturen der Herzöge Georg, Ernst August und Georg Ludwig sowie der Herzogin Sophie benanntes Boskett, verbindet die Galerie mit dem Heckentheater (Abb. 75, 76). Das Theater war der wichtigste Festraum des Gartens, in dem neben Theateraufführungen auch Maskenbälle stattfanden. Seine erhöht angelegte Bühne zeigt einen Prospekt aus Hecken, Lindenbäumen, kunstvoll geschnittenen Eiben und zum Teil heute noch erhaltenen Skulpturen aus vergoldetem Blei, die verschiedene mythologische Figuren darstellen. Bei abendlichen Aufführungen und Veranstaltungen wurde das Theater mit vielen kleinen Lampen beleuchtet, deren Anordnung die Konturen der Hecken und Kulissen nachvollzog; um 1740 kamen bei diesen Illuminationen auch farbige Lampen zum Einsatz. Noch heute wird das Heckentheater häufig für Open-Air-Aufführungen genutzt.

Abb. 70 Das Parterre mit mythologischen Skulpturen I Fig. 70 The parterre with mythological sculptures

In den seitlich des Schlosses gelegenen Bereichen des Großen Gartens befanden sich vier durch Hecken, Zäune oder Mauern eingefriedete Sondergärten. Dies waren im Westen das Apfelstück, in dem auch Melonen und empfindliche Gemüse kultiviert wurden, sowie der Feigengarten. Die Feigenbäume wuchsen im Erdreich und wurden vom Herbst bis zum Frühling durch ein darüber aufgebautes Glashaus geschützt. Spalierobst wurde direkt daneben gezogen. Die Kultur exotischer Früchte erforderte intensive Pflege, ebenso wie auch der östlich des Schlosses befindliche fürstliche Blumengarten und das vor dem Galeriegebäude angelegte große Orangerieparterre, in dem die kostbaren Kübelgewächse in der warmen Jahreszeit ausgestellt waren.

Aus den beiden bereits unter Johann Friedrich angelegten Fischteichen südlich des Parterres, die zur Boskettzone des Gartens überleiteten, wurden vier Bassins. Für die Gartenkunst des Barock ist der Begriff des Reliefs von zentraler Bedeutung: Er bezeichnet die Gegenüberstellung und Abgrenzung horizontaler und vertikaler Elemente wie zum Beispiel die Abstufung von Parterres, Alleen und Bosketts. In den klassischen barocken Gärten waren die Gehölzpartien zwar von akkurat geschnittenen, hohen Hecken eingefasst, im Inneren aber abwechslungsreich bepflanzt. Die nördliche Hälfte des Gehölzbereichs mit dem »Königsbusch« und dem Heckentheater bestand aus einer Folge von Heckenbosketts, während die Bepflanzung eines großen Teils der südlichen Hälfte mit Obstbäumen auf die besondere Wertschätzung von Früchten auf der fürstlichen Tafel zurückgeht. Viele der als Triangel bezeichneten dreieckigen Boskettpartien dienten in Herrenhausen auch dem Gemüseanbau. Erst nach 1720 befahl Sophies Sohn Georg Ludwig, inzwischen König Georg I. von England, das Gemüse durch weitere Obstbäume zu ersetzen. Bosketts erfreuten sich bei den Nutzern der Gärten großer Beliebtheit. Die Wege und Alleen boten Schatten und Abkühlung an

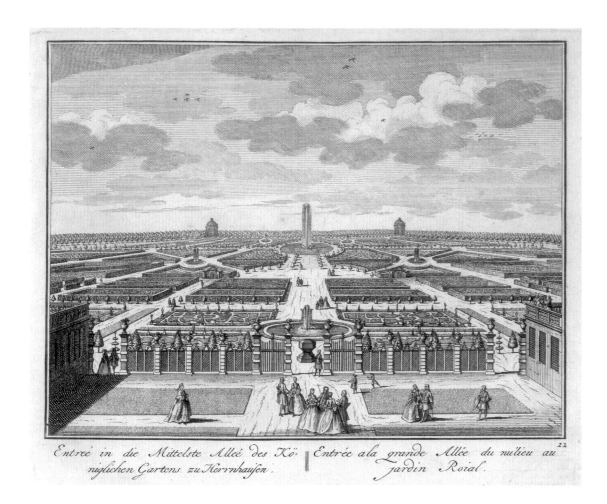

Entreé in die Mittelste Alleé des Kö=||Entrée a la grande Allée du milieu au
niglichen Gartens zu Herrnhausen.|Jardin Roial.

heißen Tagen und Möglichkeiten des Rückzugs. Außerdem erfreuten in diesen Baumrevieren Vogel-gezwitscher und der Gesang von Nachtigallen die Kurfürstin und ihre Gäste. In den 1930er-Jahren wurden die acht Boskettquartiere in sogenannte Separatgärten umgewandelt, die geometrische Gartenstile verschiedener Epochen exemplarisch vor Augen führen sollen (Abb. 82).

Die Anlage von Herrenhausen ist auf den drei Außenseiten von einem im Niederdeutschen als Graft bezeichneten Kanal und einem Wall eingefasst. Hier klingt möglicherweise die Erinnerung an den inselähnlichen Garten in Osnabrück nach, wo Ernst August und Sophie lange residiert hatten. Für die an barocken Höfen so beliebten Lustfahrten bot der insgesamt gut zwei Kilometer lange

Abb. 71 Joost van Sasse nach Johann Jakob Müller, Die Mittelachse des Großen Gartens, Blick vom Schloss nach Süden, um 1725, Kupferstich I Fig. 71 Joost van Sasse after Johann Jakob Müller, the central axis of the Great Garden, view from the palace looking south, c.1725, copper engraving

Abb. 72 Nikolaus Gottfried Stuber, Idealansicht des Alten und Neuen Schlosses Schleißheim, mit Garten und Schloss Lustheim, Detail, Öl auf Leinwand, 1718–1722/23, München, Schloss Nymphenburg, Bayerische Verwaltung der Staatlichen Schlösser, Gärten und Seen | Fig. 10 Nikolaus Gottfried Stuber, Idealized view of the Old and New Schleissheim Palaces, detail, with the garden and Schloss Lustheim, oil on canvas, 1718–1722/23, Munich, Schloss Nymphenburg, Bayerische Verwaltung der Staatlichen Schlösser, Gärten und Seen

grand old age) in her (for the period untypical) urge to maintain her health by taking exercise: 'If the legs are healthy, then so is the head, and if the head is healthy, then so is the rest.'

'Now the garden is my only pleasure': the completed Baroque garden

Several plans and copper engravings of the Great Garden show it in the decades following its laying out by Martin Charbonnier. An early bird's-eye view dating from about 1708, with its inscriptions in both French and Dutch, and in the manner of its composition, recalls similar views of the great Dutch gardens, for example Honselaarsdijk or Rijswijk (fig. 6, 69). In this way, the Herrenhausen complex is placed so to speak on equal terms with these two important models, a circumstance that against the background of the great admiration that Sophia had for the gardens in the Netherlands was doubtless no coincidence. In about 1725, Joost van Sasse printed two more large bird's-eye views of Herrenhausen to designs by Johann Jakob Müller, along with a series of individual views, which thus use the medium of the copper engraving to represent the garden in a manner usual for the great Baroque complexes of the time around 1700 (figs. 64, 71, 74).

The Great Garden forms a rectangle measuring approximately 450 by 800 metres, and is structured by an orthogonal system of axes, avenues and paths. The flat terrain, which, conspicuously, was left virtually unmodelled in the area of the garden, distinguishes the Great Garden from other prominent contemporary examples. Thus the garden of Het Loo near Apeldoorn in Holland, laid out in 1685 and enlarged from 1689 on, and much appreciated by Sophia, strongly reflects the efforts of its designers to avoid monotony in the shaping of the terrain. The garden in Salzdahlum near Braunschweig, laid out for Duke Anton Ulrich of Brunswick-Wolfenbüttel (in competition with Herrenhausen) from 1688 onwards, displays a far more strongly gradated relief, while the natural topography of the hillside park of Landgrave Charles of Hesse in Kassel, with its steep slopes, provided positively ideal conditions for the layout of spectacular water features.

Immediately in front of the palace is the broad, flat parterre, the heart of the Baroque garden, which was especially elaborately designed and did not seek to hide its splendour from the gaze of the beholder, particularly when viewed from the roof terraces at the sides of the garden courtyard. The bird's-eye view of 1708 shows, in the middle, ornamental parterres enclosed by low box hedges, known as a *parterre de broderie*, and to the sides *parterres à pièces coupées*, which combine box ornaments with lawns (fig. 6). As the later views prove, these elaborate forms of parterre gave way within a few years to a simpler design in the form of lawn parterres, which at the time (*c.*1700) were known as *parterres à l'angloise* (figs. 63, 64). The present parterre is, in its details, a twentieth-century creation, which takes ornamental bed designs (reproducing them with simpler planting)

@ie äüfserste Allee in dem Königlichen   Le derniere Allée, qui va a l'entour du
Garten zu Herrnhaufen.   jardin Roial.

Abb. 74 Joost van Sasse nach Johann Jakob Müller, Gartenallee an der Graft, um 1725, Kupferstich | Fig. 74 Joost van Sasse after Johann Jakob Müller, Garden Avenue on the Canal, c.1725, copper engraving

Abb. 73 Der südwestliche Pavillon von Louis Rémy de La Fosse von 1708 | Fig. 73 The South-west Pavilion by Louis Rémy de La Fosse, 1708

from a widely consulted and influential eighteenth-century work, illustrated with numerous engravings: *La théorie et la pratique du jardinage* by the French author Antoine-Joseph Dezallier d'Argenville (1709). The parterre is enlivened by an extensive group of sculptures, consisting of 32 mostly sandstone statues with a mythological theme, which emphasize its importance within the whole. The sculpture programme glorifies the prince, who is represented by the ancient hero Hercules (fig. 70), and his position in the global order of things, symbolized by personifications of the continents, the four elements and the four seasons.

The belvedere terrace bordering on the west side of the parterre was, like the maze, not laid out until the 1930s. The 'Königsbusch' and Hedge Theatre to the east of the parterre, by contrast, were part of the Baroque layout. The 'Königsbusch', a bosquet named after the sculptures of Dukes George, Ernest Augustus, and George Louis, along with Duchess Sophia, links the gallery with the 'hedge theatre'(fig. 75, 76). This latter was the most important festive space in the garden, providing a venue not only for theatrical performances, but also masked balls. Its elevated stage reveals a prospect of hedges, lime trees, elaborately trimmed yews and sculptures of gilded lead, some of which still survive, representing various mythological figures. For evening performances and events, the theatre was lit by numerous small lamps, whose arrangement followed the contours of the hedges. In about 1740, coloured lights were also included among the illuminations. The Hedge Theatre is frequently used for open-air performances to this day. In the areas of the Great Garden to the sides of the palace, there were four special gardens enclosed by hedges, fences or walls. These were, in the west, the apple garden, where melons and tender vegetables were also grown, and the fig garden. The fig trees grew in the soil, and from autumn to spring were protected by a glasshouse built over them. Trellised fruit trees were grown immediately next to them. The cultivation of exotic fruits demanded intensive care, as did the princely flower garden to the east of the palace and the large Orangery parterre in front of the Galerie, where the valuable tub plants were put out in the summer.

The two fish ponds laid out under Duke John Frederick to the south of the parterre were replaced by four pools. For the garden art of the Baroque period, the concept of the relief was important: it designates the contrasting and demarcation of horizontal and vertical elements, such as the gradation of parterres, avenues and bosquets. In the classical Baroque gardens, the areas with trees or shrubs were enclosed by high, carefully trimmed hedges, but the planting inside was rich in variety. The north half of the wooded area with the 'Königsbusch' and the Hedge Theatre consisted of a sequence of hedge bosquets, while the fact that a large part of the south half of the Herrenhausen garden was planted with fruit trees is due to the particular appreciation of fruit on the princely table. Many of the triangular bosquets enclosed by hedges also served for growing vegetables. Only

Kanal allerdings nur begrenzte Möglichkeiten, vergleicht man ihn zum Beispiel mit dem sehr viel weiter ausgedehnten Kanalsystem, das der bayerische Kurfürst Max Emanuel seit den 1670er-Jahren in der Schleißheimer Schotterebene nördlich von München hatte anlegen lassen. Auch das zeitgleich mit Herrenhausen entstandene Schloss Lustheim und das Neue Schloss in Schleißheim sind von Kanälen umschlossen (Abb. 72). Es ist anzunehmen, dass auch der bayerische Kurfürst sich hierfür von niederländischen Anlagen anregen ließ, die er ebenso wie Sophie gut kannte.

Eine den Garten säumende und parallel zum Kanal verlaufende schattige Lindenallee lud zum Spaziergang ein (Abb. 74). Die Promenade war nicht nur ein Verkehrsweg, sondern zugleich ein wichtiger höfischer Kommunikationsraum; hier traf man sich beim Flanieren zum Gespräch und geistigen Austausch. Der Architekt Louis Rémy de La Fosse errichtete 1708 zwei Pavillons als Blickpunkte der

Abb. 75 Franz Lüders, Maskenball im festlich beleuchteten Hecken-theater von Schloss Herrenhausen, 1740, Öl auf Leinwand, Privat-besitz I Fig. 75 Franz Lüders, Masked Ball in the Festively Lit Hedge Theatre at Schloss Herrenhausen, 1740, oil on canvas, private collection

in 1720 did Sophia's son George Louis, by now George I of Great Britain, order the vegetables to be replaced by further fruit trees.

The bosquets were very popular with visitors. The paths and avenues provided cool shade on hot days, as well as a place of retreat. Besides, the electress and her guests took pleasure in the twittering of birds and the song of nightingales. In the 1930s, the eight bosquet divisions were turned into what were called 'separate gardens', each intended to exemplify the geometric garden styles of different eras (fig. 82).

The Herrenhausen complex is enclosed on the three outer sides by a canal and a rampart. They may have reminded Ernest Augustus and Sophia of the palace and the island-like garden in Osnabrück, where they had resided for a long time. Pleasure trips on artificial waterways were among the diversions of a Baroque court. However, the canal at Herrenhausen, which was a good two kilometres long in total, offered only limited opportunities for such trips, compared, for example, with the much more extensive network of canals that the Bavarian elector Max Emanuel had laid out since the 1670s in the glacial outwash plain, or sandur, north of Munich. Here, too, Schloss Lustheim and the Neues Schloss in Schleissheim, built at the same time as Herrenhausen, are both encircled by canals (fig. 72). We may presume that the Bavarian elector was also inspired by Dutch models, with which he, like Sophia, was very familiar.

In Herrenhausen, a shady avenue of lime trees lining the garden and running parallel to the canal offered a place to take walks (fig. 74). The promenade was not only a means of getting from A to B, but an important place of courtly communication and conversation in its own right. In 1708, the architect Louis Rémy de La Fosse built two pavilions as visual focal points on the one hand, and as belvederes for the fine view over the countryside on the other (fig. 73). The course of the diagonal paths that meet in the corners of the garden is, incidentally, not strictly geometrical, but skilfully offset in such a way that the view through the orchard bosquets does not end at the pavilions, but continues across the canal and the rampart, and from there, too, allows a glimpse into the complex. The central axis starting at the palace and running through the whole garden ends in a semicircle that projects into the canal.

The accurate geometrical structure of the garden, reproduced in plans and views, displays in reality a very slight shift in the longitudinal axes, which cannot be perceived by the naked eye when walking. It can be detected only by precise measurements. Slight shifts in the axes and angular variations of this kind can frequently be found in the grand Baroque complexes and in the cross-country avenues. In this way, it was possible to react to existing conditions taken from earlier planning phases and to adapt the geometric skeleton of a garden complex to the given topography. With the usual surveying tools available around 1700, this was possible without major technical

Promenade einerseits und als Belvederes für die schöne Aussicht nach außen andererseits (Abb. 73). Dabei ist der Verlauf der auf die Ecken des Gartens zielenden Diagonalwege nicht streng geometrisch gezogen, sondern geschickt so verschoben, dass der Blick quer durch den Obstgarten nicht an den Pavillons endet, sondern sich über den Kanal und den Wall hinweg fortsetzen kann und auch von dort her den Einblick in die Anlage ermöglicht. Ein Halbkreis, der sich in den Kanal vorschiebt, schließt die vom Schloss aus den gesamten Garten durchziehende Mittelachse ab.

Die in den Plänen und Ansichten wiedergegebene akkurate geometrische Struktur des Gartens weist in Wahrheit eine minimale Verschwenkung der Längsachsen auf, die beim Spaziergang mit bloßem Auge nicht zu erkennen und nur in einem exakten Aufmaß des Gartens festzustellen ist. Leichte Achsen-und Winkelverschiebungen dieser Art sind in den großen barocken Anlagen und den weit übers Land geführten Alleen des Öfteren anzutreffen. So konnte auf vorgefundene Bedingungen aus früheren Planungsphasen reagiert und das geometrische Gerüst einer Anlage den topografischen Gegebenheiten angepasst werden, was mittels der um 1700 üblichen Vermessungsgeräte ohne größere technische Schwierigkeiten umzusetzen war. Dem Auge eines bestens informierten und technisch versierten Architekten wie Leonhard Christoph Sturm (1669–1719) entgingen solche Unregelmäßigkeiten allerdings nicht: »... doch ist solche Irregularität mit gutem Verstande verstecket«, wie er 1719 in seinen Reiseberichten vermerkt.

In der Zeit des Barock wurde Natur vor allem als rationale Struktur, als theoretisches Konzept verstanden. Die Idee einer in symmetrischer Ebenmäßigkeit sich offenbarenden Schönheit äußerte sich in einer klaren und geometrischen Ordnung und Gliederung, die sich trotz späterer Neugestaltungen auch heute noch anschaulich am Großen Garten in Herrenhausen ablesen lassen. Anders jedoch als der erste Eindruck formaler Strenge annehmen lässt, kennzeichnete Abwechslungsreichtum die Bepflanzung barocker Gärten, wovon die Sortenvielfalt der Blumen sowie Zier- und Nutzgehölze wie auch die mit großem botanischen Fachwissen kultivierten südlichen und exotischen Gewächse zeugten. Denn die Kunst der Barockgärten liegt auch hierin: Der großen, geordneten Gesamtstruktur ein System der Mannigfaltigkeit einzugliedern, dessen Details sich erst bei der Annäherung und beim genauen Hinsehen erschließen. Die Natur wird im barocken Garten in ihren vegetabilen und in ihren elementaren Erscheinungsformen inszeniert, Pflanzen und Blüten ebenso wie Wasser und Licht. Naturwissenschaftliche Erkenntnisse, etwa aus Optik, Hydraulik oder Akustik, flossen in die Gestaltung der Anlagen ein, die häufig, so auch in Herrenhausen, wahre technische Wunderwerke enthielten, etwa zum Betrieb raffinierter Wasserspiele.

Um 1700 lassen sich in der englischen und der französischen Gartenkunst darüber hinaus Bemühungen um eine neue Natürlichkeit nachweisen, die sich sowohl in regelmäßiger als auch in

Abb. 76 Die Kleine Kaskade an der Rückseite des Heckentheaters I Fig. 76 The Small Cascade at the rear of the Hedge Garden

irregulärer Gestaltung ausprägen konnte. Natürlichkeit offenbarte sich nicht nur in Plan und Grundriss, sondern auch in der Terrainmodellierung und Bepflanzung, etwa der Verwendung von Gras zur Bedeckung von Alleen oder Gartenplätzen, was sich in Herrenhausen beispielsweise in der Anlage der *parterres à l'angloise* niederschlug. Die Gestaltung und gärtnerische Pflege eines barocken Gartens bedeutete jedenfalls keine Missachtung der Natur, wie gerne postuliert wird, sondern ganz im Gegenteil eine intensive Beschäftigung mit und Zuwendung zu den Gewächsen auf der Grundlage umfassender kulturtechnischer und botanischer Kenntnisse.

Die Herrenhäuser Wasserkunst

»Die Spring-Brunnen und Wasser sind gleichsam die Seele der Gärten und ihre vornehmste Zierde, indem sie dieselben ... beseelen und beleben. Es ist gewiß, daß ein Garten, er sey auch so schön, als er immer wolle, gantz traurig und schwermüthig scheinet, wenn er kein Wasser hat, und daß ihm sodann eines von seinen schönsten Theilen fehlet.« Wie der einflussreiche Gartentheoretiker Dezallier d'Argenville 1709 hervorhebt, spielte das Wasser im klassischen französischen Garten eine wesentliche Rolle, da steigendes und fallendes Wasser in seinen optischen und akustischen Wirkungen einer Anlage Lebendigkeit verleiht. Um 1700 war es neben der intensivierten botanischen Erforschung und der Kultivierung exotischer Pflanzen daher eine der wichtigsten Herausforderungen, das Element Wasser mittels angewandter Naturwissenschaften technisch zu beherrschen und künstlerisch zu präsentieren, wobei die verschiedenen Höfe untereinander in einen Wettbewerb traten. In diesem Kontext sind auch die Bemühungen Ernst Augusts einzuordnen, die Wasserversorgung für den Großen Garten auszubauen. Eine 1691 geschlagene Medaille des Herzogs zeigt unter der Devise »HAURIT UT DISTRIBUAT« (Es schöpft, um zu verteilen; Abb. 77) ein Schöpfrad, das einen Garten mit Wasser versorgt, und setzt so den technischen Vorgang in ein metaphorisches Lob auf die Herrschertugend der Großzügigkeit um. Ein europaweit bewundertes Vorbild für ein solches Schöpfrad war die 1684 vollendete sogenannte Machine de Marly (Abb. 79). Sie pumpte Wasser aus der Seine, das dann in einem mehrere Kilometer langen Aquädukt zum Garten Versailles floss. So wie in Versailles, dessen Wasserversorgung nie ganz so funktionierte wie gewünscht, gingen allerdings auch in Herrenhausen Wunsch und Wirklichkeit weit auseinander. Dort befasste sich Leibniz 1695/96 im Auftrag Ernst Augusts mit der Konzeption einer Wasserhebevorrichtung und -leitung für den Garten. Vorbild der in Herrenhausen zu realisierenden Wasserkünste sollten die seinerzeit von der Herzogin Sophie besuchten Villen in Tivoli und Frascati sein, die der Philosoph allerdings nicht aus eigener Anschauung kannte. In seinen Aufzeichnungen finden sich unter dem Titel »Wegen des Herrenhäusischen Wasserwerks« Überlegungen zu dieser technischen Herausforderung,

Abb. 77 Levin Zenemann, Medaille auf die Wasserkünste von Herzog Ernst August, 1691, Vorderseite | Fig. 77 Levin Zenemann, medal commemorating the water features of Duke Ernest Augustus, 1691, obverse

Abb. 78 Raimund Faltz, Die Fontäne des Großen Gartens, Medaille auf die Volljährigkeit des Kurprinzen Georg Ludwig, 1701, Rückseite | Fig. 78 Raimund Faltz, The Fountain of the Great Garden, medal commemorating the coming-of-age of Prince George Louis, 1701, reverse

difficulties. Such irregularities did not escape the eye of a well-informed and technically skilled architect such as Johann Christoph Sturm (1669–1719): '… but this irregularity is concealed with the use of good sense,' as he remarked in a travel report in 1719.

In the Baroque period, nature was understood above all as a rational structure, a theoretical concept. The idea of a beauty revealing itself in symmetrical regularity was expressed in a clear and geometrical ordering and structuring that, in spite of later redesigns, is still graphically displayed in the Great Garden at Herrenhausen. Contrary, however, to first impressions of formal stringency, the planting of Baroque gardens was characterized by great variety, as evidenced by the diversity of floral species as well as the trees (grown for both decorative and utilitarian purposes), and not least the semi-tropical and other exotic plants cultivated with much expert botanical knowledge. For the art of the great Baroque garden also lay in integrating into the ordered total structure a system of variety whose details are taken in only on closer inspection. In Baroque gardens, nature is staged in its elemental manifestations, which include plants and blossoms as well as water and light. Scientific insights, gained for example from optics, hydraulics or acoustics, were incorporated into the design of the complexes, which often, as at Herrenhausen, contained veritable wonders of technology, such as sophisticated water features.

In addition, around 1700, it can be shown that there were endeavours to create a new naturalness in French and English garden design, which could take the form of either more or less regularity. Naturalness manifested itself not only in the ground plan, but also in the modelling of the terrain and in the vegetation, for example the use of grass to surface avenues or garden squares, reflected in Herrenhausen for instance by the inclusion of *parterres à l'angloise*. The laying out and maintenance of a Baroque garden certainly did not involve a 'violation of nature', as some have asserted, but, on the contrary, an intense concern with, and attention to, the plants on the basis of comprehensive technical and botanical knowledge.

The water features at Herrenhausen

'Fountains and water are the soul of a garden and make the principal ornament of it; these animate and invigorate it, and if I may so say, give it new life and spirit. 'Tis certain that a garden, be it in other respects never so fine, if it want water, appears dull and melancholy, and is deficient in one of its greatest beauties.' As the influential garden theoretician Dezallier d'Argenville emphasized in 1709, water played an essential role in the classical French garden, as rising and falling water lent animation through its visual and auditory effects. In the period around 1700, one of the most important challenges, alongside intensified botanical research and the cultivation of exotic plants, was to technically master the element water using applied science, and to present it in an artistic manner,

in deren Bewältigung der Kurfürst hohe Erwartungen setzte. Mindestens so groß wie Ernst Augusts Ehrgeiz war jedoch seine Sparsamkeit, die aufwendige Lösungen verhinderte und Leibniz immer wieder frustrierte. So wurde sein Vorschlag, in einem von der Leine abgezweigten Kanal Wasser heranzuführen, aufgrund der kostspieligen Süderweiterung des Gartens 1696 abgelehnt.

Eine im selben Kontext erhaltene, nicht beschriftete Zeichnung von Leibniz befasst sich offensichtlich mit Möglichkeiten der Reflexion mittels Spiegeln und Linsen, wie sie der berühmte holländische Physiker Christiaan Huygens (1629–1695) in seinem Buch *Traité de la lumière* 1690 publiziert hatte. Ob sich die Zeichnung auf einen bestimmten räumlichen Kontext, gar den Großen Garten bezieht, ist nicht bekannt. Optische und Lichteffekte sowie Vexierspiegel gab es in Grotten und vereinzelt auch in größerem Maßstab, etwa in Gartenentwürfen des Wasseringenieurs und Gartenkünstlers Salomon de Caus (1576–1626), der den Heidelberger Schlossgarten entworfen hatte, in dem der Kurfürstin Sophie ebenfalls bekannten Garten von Johann Moritz von Nassau-Siegen in Kleve oder am Kasseler Hof. Wie Leibniz mehrfach ausführt, eigne sich die Herrenhäuser Graft bestens für nächtliche »Illuminationen«: Die Nachzeichnung architektonischer und pflanzlicher Strukturen durch unzählige Lämpchen erzeugte auf der ruhigen Wasseroberfläche eines Kanals besonders eindrucksvolle Spiegelungen. Ferner spricht Leibniz von der Ähnlichkeit zwischen *feux d'artifice* - Feuerwerken - und *eaux d'artifice* - Lustwasserspielen, Fontänen - und verweist damit auf Ähnlichkeiten der explosiven und eruptiven Darbietung der Elemente Feuer und Wasser im Lustgarten.

Auch in der Selbstdarstellung von Ernst Augusts Sohn Georg Ludwig sollten die Herrenhäuser Wasserkünste eine wichtige Rolle spielen. So ließ er aus Anlass seiner Volljährigkeit 1701 eine Medaille prägen, die mit dem Bild einer hohen Gartenfontäne und der Devise »VIS INSITA DUCIT IN ALTUM« (Die investierte Kraft führt in die Höhe; Abb. 78) eine deutliche Anspielung auf den politischen Aufstieg – hier die Aussicht auf den englischen Thron – verband. An den Überlegungen zur Installation einer mit dem französischen Fachbegriff *Jet d'eau* bezeichneten, senkrecht in die Höhe schießenden Fontäne hatte erneut Leibniz Anteil. Im großen Bassin des südlichen Gartenbereichs in der Mittelachse des Gartens sollte der *Jet d'eau* als technisches Prunkstück inszeniert werden, das der dominierenden Horizontale der Anlage als entschiedenen Akzent eine immer weiter in die Höhe getriebene Vertikale aus Wasser entgegensetzte. Leibniz korrespondierte diesbezüglich von 1704 an mit dem französischen Mathematiker und Physiker Denis Papin (1647–1712), der am Hof des Landgrafen Karl von Hessen-Kassel tätig war und als Erfinder verschiedener Dampfdruckgeräte und -maschinen in die Geschichte eingegangen ist. Papin war in Kassel involviert in die technische Ausstattung der von dem italienischen Architekten Giovanni Francesco Guerniero seit 1701 errichteten Kaskade und Wasserkunst des Karlsbergs. Zwar pflegten die Gelehrten den wissenschaftlichen Austausch, aber da

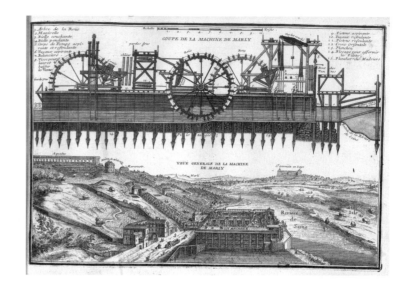

Abb. 79 Die »Machine de Marly«, Kupferstich aus Nicolas de Fer, *L'Atlas curieux*, Paris 1700 | Fig. 79 The 'Machine de Marly', copper engraving from Nicolas de Fer, *L'Atlas curieux*, Paris 1700

Abb. 80 Johann August Corvinus nach Matthias Diesel, Ansicht
des Königlichen Lustgartens von Marly mit seinen Wasserspielen,
Kupferstich aus Matthias Diesel, *Erlustirende Augenweide in
Vorstellung herrlicher Garten und Lustgebäude*, Augsburg 1717–
1723 | Fig. 80 Johann August Corvinus after Matthias Diesel,
view of the royal pleasure garden of Marly with its water features,
copper engraving from Matthias Diesel, *Erlustirende Augenweide
in Vorstellung herrlicher Garten und Lustgebäude*, Augsburg 1717–
1723

a field in which the various courts engaged in intense rivalry. It is in this context that the efforts of Ernest Augustus to improve the water supply to the Great Garden should be seen. A medallion struck in 1691 by the duke depicts, beneath the motto 'HAURIT UT DISTRIBUAT' ('It draws in order to distribute', fig. 77), a Persian wheel (or bucket wheel) providing a garden with water, thus using the technical process as metaphorical praise for the virtue of generosity embodied in the ruler. A technical paradigm admired throughout Europe was the so-called *Machine de Marly* completed in 1684 (fig. 79). It pumped water from the Seine into an aqueduct several kilometres long that led to the garden at Versailles. As in Versailles, whose water supply never really functioned as it was supposed to, there was in Herrenhausen, too, a wide discrepancy between wishes and reality. In 1695/96, Leibniz was commissioned by Ernest Augustus to design a system of lifting and channelling water for the garden. The models for the water features at Herrenhausen were to be the villas

Abb. 81 Blick über das Große Parterre zum neuen Schloss Herrenhausen | Fig. 81 View of the new Schloss Herrenhausen across the Great Parterre

der Hannoveraner und der Kasseler Hof im Bereich der Wassertechnik miteinander konkurrierten, wurden Papins Vorschläge in Herrenhausen nicht übernommen. Leibniz 1698 abgelehnter Entwurf eines Pumpwerks am Leine-Kanal wurde nach längeren Versuchen und Vorarbeiten schließlich nach seinem Tod in abgeänderter Form realisiert. So gelang es dann erst 1720, eine mit etwa 35 Metern gewaltig hohe Fontäne emporschießen zu lassen, die sich im europäischen Vergleich sehen lassen konnte. Den um 1700 als Vergleichsmaßstab vorbildhaften, mindestens 35 Meter hohen Wasserstrahl im großen Bassin in Marly, einer ab 1698 angelegten, hochberühmten Gartenanlage Ludwigs XIV. (Abb. 80), hatte Leibniz bei seinem Besuch in Paris in den 1670er-Jahren noch nicht kennenlernen können. Der weitgereiste Architekt Leonhard Christoph Sturm hingegen hatte die Fontäne in Marly 1719 »bei ganz stillem Wetter« mit einem »Winkelhaken« persönlich vermessen und kam dabei auf einen Wert von »über 100 Fuß« (etwa 35 Meter). Bei der Sturm zufolge von den Franzosen gemessenen Höhe von mindestens 125 Fuß (fast 40 Meter) handelt es sich selbst unter Berücksichtigung verschie-

in Tivoli and Frascati, which had been visited by the electress on her travels, but which the philosopher, it must be said, had never actually seen with his own eyes. In his notes, we find, under the heading 'Regarding the waterworks at Herrenhausen', considerations relating to this technical challenge, in the mastering of which the elector had placed high expectations. But expensive solutions were thwarted, and Leibniz constantly frustrated, by Ernest Augustus's thriftiness, which was at least as great as his ambition. Thus the philosopher's proposal to channel water from the Leine through a canal branching off the river was rejected because of the expense of extending the garden to the south in 1696.

A surviving drawing by Leibniz, in the same connexion but without any text, is evidently concerned with possibilities of reflection using mirrors and lenses, as the famous Dutch physicist Christiaan Huygens (1629–1695) had described in his book *Traité de la lumière*, published in 1690. Whether the drawing relates to a particular spatial context, or to the Great Garden, is not known. Optical and light effects along with mirror illusions were not uncommon in grottoes and occasionally found on a large scale, for example in garden designs by the hydraulic engineer and garden designer Salomon de Caus (1576–1626), who was responsible for the garden of Heidelberg Castle, in the garden (which Electress Sophia was familiar with) of John Maurice, prince of Nassau-Siegen in Cleves, and at the court of Kassel. Leibniz wrote on several occasions that the canal at Herrenhausen was suited to nocturnal illuminations. the use of countless little lamps to trace the contours of architectural and plant structures would create particularly impressive reflections on the calm surface of a canal. However, he also talks of the similarities between *feux d'artifice* (fireworks) and *eaux d'artifice* (water features), thus pointing to similarities in the explosive and eruptive presentation of the elements fire and water in the pleasure garden.

In the self-presentation of Ernest Augustus's son George Louis, the water features at Herrenhausen were to play an important role. To mark his coming of age in 1701, he had a medal struck with the image of a high garden fountain and the Latin motto 'VIS INSITA DUCIT IN ALTUM' ('Invested strength leads to the heights'; fig. 78): a clear allusion to going up in the political world, in this case his prospects of ascending to the throne of England. From 1701 on, Leibniz was once again involved in the plans for the installation of a fountain shooting vertically into the air, and described with the French term *jet d'eau*. In the large pool in the south part of the garden, on the central axis, the *jet d'eau* not only became the technological showpiece, but at the same time balanced the largely horizontal character of the complex by providing a dominant vertical accent as the water shot higher and higher into the air. From 1704 on, Leibniz corresponded on this matter with the French mathematician and physicist Denis Papin (1647–1712), who worked at the court of Landgrave Charles of Hesse-Kassel, and has gone

dener Fußmaße vermutlich um einen lokalpatriotischen »Messungsspielraum« – und auch in Hannover wird man die Höhe des Strahls eher nach oben gerundet haben. Um 1860 wurden die barocken
Wasserräder und Pumpen in Herrenhausen komplett durch eine neue Technik ersetzt, die noch heute
existiert. Damals erzielte die Große Fontäne eine Höhe von bis zu 67 Metern, heute erreicht sie bei
Windstille eine Höhe von bis zu 72 Metern (Abb. 61).

»Jedermann ist erlaubt, sich im Königlichen Garten eine Veränderung zu machen«: Die Herrenhäuser Gärten im späten 18. und im 19. Jahrhundert

Nach dem Zustandekommen der Personalunion zwischen Hannover und Großbritannien sowie der Ver-
lagerung des Hofes nach London 1714 verlor der Große Garten an Bedeutung. Zwar kamen Sophies Sohn
König Georg I. (reg. 1714–1727) und auch sein Nachfolger Georg II. (reg. 1727–1760) noch regelmäßig
nach Herrenhausen, doch blieben die Besuche unter Georg III. (reg. 1760–1820) schließlich ganz aus.
Dennoch wurde die Anlage in tadellosem Zustand erhalten. Unter Georg I. und Georg II. pflanzte man
1726/27 die vierreihige Lindenallee von der Stadt bis zur Sommerresidenz. In einer Zeit, als an vielen
Orten die höfischen Gärten für die städtische Öffentlichkeit zugänglich gemacht wurden, brachte man
1777 auch in Herrenhausen eine noch heute erhaltene Parkordnung am Garteneingang an, die den Besucher einlädt, sich »eine Veränderung« zu machen, also den Garten zur Abwechslung und zur Erholung
vom Alltag aufzusuchen. Von einer Umgestaltung zum Landschaftsgarten, wie sie an vielen anderen
Höfen stattfand, blieb der Herrenhäuser Garten verschont.

Auf dem in Richtung Hannover angrenzenden Gelände hingegen, zwischen der Leine und der Lindenallee, ließ Reichsgraf Johann Ludwig von Wallmoden-Gimborn (1736–1811), der illegitime Sohn
von Georg II., in der zweiten Hälfte des 18. Jahrhunderts einen Garten im neuen landschaftlichen Stil
anlegen, der in den Jahrzehnten nach seinem Verkauf an den König 1817 weiter umgestaltet wurde.
Dieser Georgengarten ist als großer Stadtpark das landschaftliche »Gegenstück« zum Großen Garten.

Zum Ensemble der Herrenhäuser Gärten gehört auch der nördlich an das Schloss angrenzende Berggarten, ein botanischer Garten, dessen Rang als wissenschaftliche Institution auf die gärtnerischen und
botanischen Leistungen der Hofgärtnerfamilie Wendland zurückgeht. So publizierte Johann Christoph
Wendland 1798 unter dem Titel *Hortus Herenhusanus* ein weithin beachtetes Werk über die seltenen
Pflanzen in seiner Obhut. Die von den Hofgärtnern Wendland zusammengetragene, berühmte Garten-
bibliothek wurde 1832 von der Krone erworben und in der Rotunde des Gartenmeisterhauses aufge-
stellt. Der 1814 als Hofarchitekt angestellte Georg Ludwig Friedrich Laves, der später auch das Schloss
im klassizistischen Stil umgestalten sollte, hatte dieses Gebäude, in dem heute die Verwaltung der Herrenhäuser Gärten ihren Sitz hat, nach 1817 errichten lassen.

Abb. 82 Der sogenannte Rokokogarten in den 1936/37 angelegten Separatgärten I Fig. 82 The so-called Rococo Garden within the separate gardens created in 1936/37

down in history as the inventor of various high-pressure steam devices. In Kassel, Papin was involved in the technical aspects of the cascades and other water features created on the Karlsberg by the Italian architect Giovanni Francesco Guerniero from 1701 on. While the scholars carried on their academic exchange, the courts of Hanover and Kassel were in competition when it came to hydraulics. Papin's proposals for Hanover were thus not accepted. After lengthy experiments and preparatory work, Leibniz's designs for a pumping station on the Leine canal, rejected in 1698, were finally realized in modified form after his death in 1716. Thus it was not until 1720 that a fountain was created that could stand comparison with any other in Europe. At 35 metres, the height of its jet was impressive. Leibniz could not have actually seen its paradigm, the (at least) 35-metre jet in the great pool at Marly, built in around 1700, for work on this very famous garden of Louis XIV's (fig. 80), did not start until 1698, long after Leibniz's visit to Paris in the 1670s. The well-travelled architect Leonhard Christoph Sturm, by contrast, had seen the fountain in Marly in 1719 and personally measured it in 'very calm weather with a quadrant', arriving at a value for its height of 'more than 100 feet' (approx. 35 metres). According to Sturm, the French had measured its height to be at least 125 feet (almost 49 metres), but even if we allow for the existence of different 'feet', this is likely to be patriotic licence, and in Hanover, too, the height of the jet is likely to have been, if anything, rounded up. In around 1860, the Baroque waterwheels and pumps at Herrenhausen were completely replaced by new technology, which is still in place. At the time, the Great Fountain achieved a height of up to 67 metres, and today on calm days it sometimes manages 72 metres (fig. 61).

'All are permitted to seek distraction in the Royal Gardens': the Herrenhausen gardens in the eighteenth and nineteenth centuries

After the court moved to London in 1714 following the personal union of the throne of Great Britain with the electorate of Hanover, the Great Garden lost some of its significance. While Sophia's son George I (r. 1714–1727) and also his successor George II (r. 1727–1760) still paid regular visits to Herrenhausen, these visits stopped entirely under George III (r. 1760–1820) Even so, the garden was kept in spotless condition. Under the first two Georges, in 1726/27, the avenue from the city to the summer residence was planted with four rows of lime trees. At a time when many palace gardens were being opened to the urban public, in Herrenhausen, too, a plaque (which still survives) was put up at the entrance in 1777, listing the rules and regulations for visitors, but at the same time inviting them (literally translated) 'to make a change', in other words to use the garden for purposes of recreation and recuperation from everyday cares. Unlike many palace grounds, the Great Garden was spared the transformation into a park-like landscape garden.

Die Neugestaltung im 20. Jahrhundert

1936 erwarb die Stadt Hannover den Großen Garten sowie den Berggarten und gestaltete die Anlage unter Beibehaltung der originalen Gesamtstruktur zu einem barockisierenden Stadtpark um. In verschiedenen Stilen neu entworfene Separatgärten (Abb. 82), das Labyrinth und die neu angelegte Aussichtsterrasse westlich des Parterres sollten die Anlage nun auch im Sinne einer abwechslungs-reichen »Gartenschau« für die Bevölkerung attraktiv machen. Nach der Zerstörung des Schlosses und der Gärten im Zweiten Weltkrieg wurden im Zuge der Dreihundertjahrfeier der Anlage 1966 und seither immer wieder einzelne Gartenbereiche modern gestaltet. In diesem Zusammenhang sind der aus Anlass der Expo 2000 von dem Landschaftsarchitekten Guido Hager entworfene Blu-mengarten (Abb. 83, 84) und der Feigengarten als gelungene moderne Gartengestaltungen im his-torischen Umfeld zu nennen. Zwischen 2001 und 2003 gestaltete die Künstlerin Niki de Saint-Phalle, seit 2000 Ehrenbürgerin der Stadt Hannover, den nicht mehr im barocken Originalzustand erhaltenen Innenraum der Grotte in eine farbenfrohe Spiegelgrotte um.

Abb. 84 Blick über den Blumengarten auf den Ostflügel des Schlosses und die barocke Kaskade I Fig. 84 View of the east wing of the palace and the Baroque Cascade across the flower garden

On the land between Herrenhausen and Hanover, by contrast, between the Leine and the avenue of lime trees, Count Johann Ludwig von Wallmoden-Gimborn (1736–1811), the illegitimate son of George II, had a new garden laid out in the second half of the eighteenth century that *was* in the new landscape style. In the decades after its sale to the crown in 1817, it was further transformed. This 'George Garden', a large city park, is the landscaped counterpart of the formal Great Garden.

Also still part of the Herrenhausen garden complex, in the Bergpark (or 'hill park') to the north, is the Botanical Garden, whose status as a scientific institution goes back to the horticultural and botanical achievements of the family of court gardeners, the Wendlands. Thus in 1798, Johann Christoph Wendland published a widely respected botanical work under the title *Hortus Herenhusanus*. The famous botanical and horticultural library assembled by the Wendlands was acquired by the crown in 1832, and placed in the rotunda of the garden master's house. This building was erected at some time after 1817 by Georg Ludwig Friedrich Laves, who was appointed court architect in Hanover in 1814, and was later to rebuild the palace in a neoclassical style. Today it is the headquarters of the administration of the Herrenhausen gardens.

The twentieth-century redesign

In 1936, the Great Garden (and the Hill Garden) were acquired by Hanover City Council, which converted the complex into a neo-Baroque urban park while retaining the original overall structure. The idea was to make it attractive to the general public in the spirit of a varied garden exhibition by the inclusion of separate gardens in a variety of styles, a maze, and a new viewing terrace to the west of the parterre (fig. 82). After the destruction of the palace and devastation of the garden in an air raid in 1943, individual sections were given a modern makeover to mark the tercentenary of the complex in 1966, and on numerous occasions since then. Two gardens are particularly noteworthy in this connexion as successful examples of modern gardens within an historical context: the flower garden designed by the landscape architect Guido Hager as part of Expo 2000 (figs. 83, 84), and the fig garden. In 2001–2003, the artist Niki de Saint-Phalle, since 2000 an honorary citizen of Hanover, redesigned the interior of the Grotto, which was no longer in its original Baroque condition, as a colourful mirror grotto.

Ein Gartenparadies als Ort gelehrter
Kommunikation: Herrenhausen und Leibniz

Georg Ruppelt

Gottfried Wilhelm Leibniz

»In der politischen Geschichte Deutschlands hat Herrenhausen eine so große Rolle nicht gespielt, aus der deutschen Geistesgeschichte ist es nicht wegzudenken. Das verdanken wir aber, wir wollen es festhalten, in erster Linie Leibniz und den Fürstinnen und Fürsten, die ihn an sich zogen und förderten«, so der Direktor der Niedersächsischen Staatsarchive, Carl Haase, 1966 anlässlich des Festaktes »300 Jahre Herrenhausen«.

Die ersten Jahrzehnte Herrenhausens als Gartenresidenz der Welfen waren in etwa auch die vier Dekaden, die Gottfried Wilhelm Leibniz (1646–1716) – unterbrochen durch zahlreiche Reisen – in Hannover lebte. Leibniz' historische Forschungen legten unter anderem die Grundlage für den politischen und gesellschaftlichen Aufstieg Hannovers zum Kurfürstentum, mit dem die Entwicklung Herrenhausens zum glanzvollen »Musenhof« einherging.

Leibniz trat im Dezember 1676 als Bibliothekar und Hofrat in die Dienste Herzog Johann Friedrichs, übernahm freilich in den darauf folgenden Jahrzehnten – oft auf eigene Initiative – vielfältige andere Aufgaben, so als Hofhistoriograf und -genealoge, als Gestalter von Gedenkmedaillen und als Ingenieur; er wirkte als politischer Berater, insbesondere in Fragen der englischen Sukzession, als philosophischer Lehrer und vieles andere mehr. Nicht zu Unrecht wird Leibniz als Genie oder als Gelehrter bezeichnet, der »die Universalität des Wissens seiner Zeit verkörpert« (Finster / van den Heuvel, 2000). Er reiste viel und übernahm 1691 zusätzlich zu seinen übrigen Aufgaben die Leitung der herzoglichen Bibliothek in Wolfenbüttel.

Bereits als 20-Jähriger war der am 1. Juli 1646 in Leipzig geborene Leibniz in Altdorf bei Nürnberg zum Doktor beider Rechte promoviert worden, hatte sodann als Jurist und Diplomat in kurmainzischen Diensten gestanden, sich intensiv mit allen Wissenschaften seiner Zeit beschäftigt und war in der gelehrten Welt bei seinen Aufenthalten in Paris und London zu Ansehen gelangt.

A Garden Paradise as a Place of Learned Communication: Herrenhausen and Leibniz

Georg Ruppelt

Gottfried Wilhelm Leibniz

'Herrenhausen has not played such a great role in Germany's political history, but Germany's intellectual history would have been different without it. We owe this primarily to Leibniz and to the princes and princesses who drew him to themselves, and encouraged him.' The words of the director of the Lower Saxony state archive, Carl Haase, in 1966, on the occasion of the ceremony to mark Herrenhausen's tercentenary.

The first decades of Herrenhausen as the summer residence of the Welf dynasty coincided approximately with the 40 years that Gottfried Wilhelm Leibniz (1646–1716), when he was not on one of his numerous journeys, spent in Hanover. Leibniz's historical researches helped to lay the foundations for Hanover's political and social rise to the status of an electoral principality of the Empire, with which the development of Herrenhausen as a splendid 'court of the muses' went hand in hand.

In December 1676, Leibniz entered the service of Duke John Frederick as a librarian, but in the coming decades took on many other responsibilities, often on his own initiative, for example as court historian and genealogist, designer of commemorative medallions, and engineer. He was also a political adviser (in particular on questions regarding the English succession), a philosophy teacher, and much more besides. It is not for nothing that Leibniz is called a genius or a scholar who 'embodied the universality of the knowledge of his age' (Finster/van den Heuvel, 2000). He travelled much, and in 1691, in addition to his other responsibilities, took over the management of the Ducal Library in Wolfenbüttel.

At the age of just 20, Leibniz, who was born in Leipzig on 1 July 1646, took his doctorate in canon and civil law in Altdorf near Nuremberg, before entering the service of the Archbishop of Mainz as a jurist and diplomat, concerning himself intensively with all the sciences and scholarly fields of his day, and achieving recognition in the world of learning during his sojourns in Paris and London.

HANNOVERA. HANNOVER

Abb. 85 Ansicht der Stadt Hannover, kolorierter Kupferstich von Georg Balthasar Probst, um 1760 | Fig. 85 View of the city of Hanover, hand-coloured copper engraving by Georg Balthasar Probst, c.1760

Sein Dienstherr Herzog Johann Friedrich war ein gebildeter Herrscher und ein der Kunst, der Musik, dem Theater, der Oper und auch der Philosophie zugewandter Genussmensch. Er versprach sich von Leibniz geistige Bereicherung, und er wollte die Kenntnisse und die Argumentationsgabe des hervorragenden Juristen für seine ehrgeizigen dynastischen Ziele nutzen. Die Beziehung zwischen den beiden war offenbar vertrauensvoll und fast freundschaftlich, soweit dies in der damaligen höfischen Gesellschaft eben möglich war. Der junge und ebenfalls ehrgeizige Universalgelehrte suchte eine geeignete, verheißungsvolle Wirkungsstätte und eine finanzielle Basis für die Entwicklung seiner Ideen und Pläne. In einem Brief hatte er festgehalten, dass es ihm nicht darum gehe, »so viel Geld wie möglich anzuhäufen«, sondern er strebe vielmehr danach, seinen »Geist zufriedenzustellen, indem ich etwas Greifbares und Nützliches für das allgemeine Wohl leiste«. Dem »(all)gemeinen Wohl«, dem »bonum commune« dienen – dies ist das Motto, das für Gottfried Wilhelm Leibniz, seine Ideen und Projekte ebenso steht wie sein Wahlspruch »theoria cum praxi«.

His subsequent employer in Hanover, Duke John Frederick, was a cultivated ruler and bon viveur, with an inclination towards the arts, music, the theatre, the opera and also philosophy. He reckoned that Leibniz would be an intellectual enrichment, and he wanted to exploit the knowledge and dialectic skill of the outstanding jurist for his ambitious dynastic goals. The relationship between the two was evidently trusting and almost friendly, insofar as such a thing was possible in the courtly society of the age. The young and no less ambitious polymath sought a suitable, promising place to work, and financial security for the development of his ideas and plans. In a letter, he had made it clear that he was not concerned 'to accumulate as much money as possible', but rather that he was aiming to 'satisfy my intellect by doing something tangible and useful for the common good'. To serve the 'common good', the 'bonum commune' – this is the hallmark of Gottfried Wilhelm Leibniz, his ideas and projects, no less than his own chosen motto: 'theoria cum praxi'.

The year he arrived in Hanover, Leibniz described himself and his circumstances in the third person thus: 'His inclination to society is weaker than that which inclines him to solitary thought and reading. If he should find himself in company, he can entertain this company fairly well, but prefers witty and cheerful conversation to games or pastimes involving physical movement.' Louis XIV's sister-in-law Elisabeth Charlotte, Duchess of Orleans, who was the niece of Leibniz's future patroness, the Electress Sophia, later wrote: 'To judge by all I see and hear of Herr Leibniz, he must have a very clever mind, and be a pleasant man in consequence. It is rare for learned people to be clean and not stink, and to take raillery in good spirit.'

Herrenhausen and politics

We owe the existence of Herrenhausen to Leibniz's first Hanoverian employer, Duke John Frederick. It was during his period of rule that the Höringhusen estate was developed into the summer residence of Herrenhausen, and the first work was done on laying out a garden. At the same time, the duke, like his successors, who expanded Herrenhausen into a magnificent ensemble, were in harmony with the ideas of the age that put their stamp on the face of absolutism in continental Europe.

Princely display through splendid buildings and gardens earned enormous social respect. According to the contemporary *Fürstenspiegel*, a manual for young aristocrats by Georg Engelhard von Löhneysen, the garden should not just serve the recreational purposes of the exalted nobles, but also fulfil a political function by reflecting the rank and the reputation of a court.

Already in the late sixteenth century, the Dutchman Justus Lipsius had pointed to the importance of a garden for good rule. The foundation of the latter, he said, was philosophical contemplation, and the garden was the right place for this. The garden as a place of philosophy was, though,

In dem Jahr, in dem er nach Hannover kam, beschrieb Leibniz sich und seine sozialen Verhaltensweisen wie folgt in der dritten Person: »Sein Hang zur Gesellschaft ist schwächer als derjenige, welcher ihn zum einsamen Nachdenken und zur Lektüre treibt. Befindet er sich aber in einer Gesellschaft, so weiß er sie ziemlich angenehm zu unterhalten, findet aber seine Rechnung mehr bei scherzhaften und heiteren Gesprächen als bei Spiel oder Zeitvertreiben, welche mit körperlicher Bewegung verbunden sind.« Herzogin Elisabeth Charlotte von Orléans (Liselotte von der Pfalz), Nichte von Leibniz' zukünftiger Herzogin Sophie, schrieb später: »Aus allem, was ich von Herrn Leibniz höre und sehe, muss er gar großen Verstand haben und dadurch angenehm sein. Es ist rar, dass gelehrte Leute sauber sein und nicht stinken und Raillerie [Scherz, Ironie] verstehen.«

Abb. 86 Schloss Herrenhausen, Blick von Südosten | Fig. 86 Schloss Herrenhausen, view from the south-east

Herrenhausen und die Politik

Die Entstehung von Herrenhausen ist Leibniz' erstem hannoverschen Dienstherrn, Herzog Johann Friedrich, zu danken. In seiner Regierungszeit begannen der Ausbau des Gutes Höringhusen zur Sommerresidenz Herrenhausen sowie die ersten Arbeiten am Garten. Der Herzog wie seine Nachfolger, die Herrenhausen schließlich zu einem prachtvollen Ensemble ausbauten, befanden sich dabei im Einklang mit den das Gesicht des Absolutismus prägenden Ideen der Zeit.

Fürstliche Repräsentation durch die Anlage prunkvoller Gebäude und Gartenanlagen genoss enormes gesellschaftliches Ansehen. Nach dem zeitgenössischen *Fürstenspiegel* des Georg Engelhard von Löhneysen – einem Erziehungsbuch für junge Adlige – sollte die Gartenanlage nicht nur der Erquickung der hohen Herrschaften dienen, sondern auch eine politische Funktion erfüllen, indem sie den Rang und die Reputation eines Hofes widerspiegelt.

Der Niederländer Justus Lipsius hatte bereits Ende des 16. Jahrhunderts auf die Bedeutung eines Gartens für gutes Regieren hingewiesen, wobei die Grundlage für Letzteres aber die philosophische Kontemplation und der Garten der richtige Ort für diese sei. Der Garten als Ort der Philosophie tritt bereits bei Epikur in Erscheinung: »In seiner Ferne von den Höfen und Städten schien dieser Ort die Bedingung des freien Denkens zu garantieren: furchtlose Gelassenheit, Akzeptanz von Natur und Körper, praktisches Nutzverhalten, Ablehnung des Krieges, Verachtung der Tyrannis und Vertragstreue.« (Bredekamp, 2012)

Unter Johann Friedrichs Nachfolger Ernst August, seiner Gattin Sophie und beider Sohn Georg Ludwig gelangte Hannover insbesondere auch durch Herrenhausen mit seinem prunkvollen höfischen Leben zu Ruhm und Ansehen. In der Sommerresidenz wurde gefeiert, aber auch Politik gemacht. Wilhelm III., der Prinz von Oranien, hielt sich ein Jahr lang hier auf, bevor er 1689 zum englischen König gekrönt wurde. Die Kriegshelden Prinz Eugen von Savoyen und der Herzog von

Marlborough waren ebenso hier zu Gast wie 1713 Zar Peter der Große. Zu seinen Ehren wurde eine Komödie im Gartentheater gegeben. Anschließend eröffnete die 83-jährige Kurfürstin Sophie mit ihm die Polonaise einer Maskenredoute im Galeriegebäude. Später kommentierte sie: »Zar Peter wäre durchaus ein Mann nach meinem Geschmack, wofern er's lassen könnte, bei der Hoftafel sich ins Tischtuch zu schnäuzen«.

Auch politisch günstige Eheverbindungen wurden in Herrenhausen geschlossen. So heirateten hier 1684 der spätere Kurfürst von Brandenburg, Friedrich III., und Sophie Charlotte, Tochter Herzog Ernst Augusts und Herzogin Sophies. Im Jahre 1706, fünf Jahre nach seiner Krönung zum König von Preußen, kam Friedrich III. abermals nach Herrenhausen, um die Verlobung seines Sohnes Friedrich Wilhelm, des späteren »Soldatenkönigs«, mit Herzog Georg Ludwigs Tochter Sophie Dorothea zu feiern.

Weltberühmt ist die politisch-erotische Königsmarck-Affäre, die seit jeher Historiker und Schriftsteller, darunter auch Schiller, beschäftigte und die sich zu einem Gutteil in Herrenhausen zutrug. Die von ihrem Ehemann Georg Ludwig vernachlässigte Sophie Dorothea ging ein Verhältnis mit dem Obersten der Leibgarde des Herzogs, Philipp Christoph Graf von Königsmarck ein, das entdeckt wurde. Königsmarck wurde vermutlich 1694 in Hannover ermordet, die Ehe Georg Ludwigs und Sophie Dorotheas im selben Jahr geschieden. Die beiden Liebenden führten einen regen Briefwechsel, der nur zum Teil überliefert ist. In einem seiner Briefe schreibt Königsmarck: »Ach, warum erinnern Sie mich an die Alleen und Kabinette von Herrenhausen, wann werde ich wieder in Wonnen kosten, die diese charmants lieux [entzückenden Orte] mir geben.« Besonders in der angelsächsischen Welt hat die Affäre Königsmarck über die Jahrhunderte hinweg Beachtung erfahren, denn immerhin wäre Sophie Dorothea ohne die erfolgte Scheidung Königin von England geworden.

Festliches Herrenhausen

Bälle, Maskeraden, Feste, Schauspiele, Opernaufführungen und Konzerte wurden nicht nur zu wichtigen Anlässen geboten. Schon Johann Friedrich holte den Venezianer Antonio Sartorio als Kapell- und die Franzosen Jemmes und le Comte als Ballettmeister sowie eine französische Schauspieltruppe dauerhaft nach Hannover. Die ersten französischen Komödien und Fackeltänze wurden 1674 in Herrenhausen aufgeführt. In den folgenden Jahren wurden illustre Namen der Theater- und Musikwelt verpflichtet.

Herzog Ernst August berief ein ehemaliges Mitglied der Schauspieltruppe von Molière, den Komödiendichter Auguste Pâtissire de Châteauneuf, zum Direktor der französischen Schauspieltruppe. Giovanni Battista Farinelli wurde Kapellmeister, 1688 gefolgt von Abbate Agostino Steffani, einem Komponisten, Theologen, Mathematiker und Philosophen, der auch in diplomatischer Mission

Abb. 87 Unbekannter Künstler, Porträt von Herzog Johann Friedrich von Braunschweig-Calenberg, Öl auf Leinwand, Hannover, Gottfried Wilhelm Leibniz Bibliothek | Fig. 87 Unknown artist, Portrait of Duke John Frederick of Brunswick-Calenberg, oil on canvas, Hanover, Gottfried Wilhelm Leibniz Bibliothek

Abb. 88 Unbekannter Maler, Porträt von Gottfried Wilhelm Leibniz, Öl auf Leinwand, 1787, Hannover, Gottfried Wilhelm Leibniz Bibliothek | Fig. 88 Unknown painter, Portrait of Gottfried Wilhelm Leibniz, oil on canvas, 1787, Hanover, Gottfried Wilhelm Leibniz Bibliothek

already mentioned by Epicurus. 'In its distance from the courts and the towns, this place seemed to guarantee the precondition of free thought: fearless composure, acceptance of nature and body, practical utilitarianism, rejection of war, contempt for tyrants, and fidelity to contracts.' (Bredekamp, 2012).

Under John Frederick's successor, Ernest Augustus, the latter's consort, Sophia, and their son George Louis, Hanover achieved fame and recognition in particular as a result of Herrenhausen with its splendid courtly life. To be sure, they partied in the summer residence, but they also conducted politics. William III, Prince of Orange, spent a year here before he was crowned king of England in 1689. The war heroes Prince Eugene of Savoy and the Duke of Marlborough were guests, as was, in 1713, Tsar Peter the Great. In his honour, a comedy was performed in the garden. Afterwards, the 83-year-old Electress Sophia joined him in opening the polonaise at a masked ball in the Gallery building. Later, she commented: 'Tsar Peter would be a man entirely to my taste, if only he would refrain from blowing his nose in his napkin at table.'

Politically favourable marriages were also finalized at Herrenhausen. Accordingly, in 1684, the future Elector Frederick III of Brandenburg married Sophia Charlotte, the daughter of Duke Ernest Augustus and Duchess Sophia. In 1706, five years after his coronation as king in Prussia, Frederick (now King Frederick I) returned to Herrenhausen to celebrate the betrothal of his own son Frederick William, the future 'Soldier King', to Elector George Louis's daughter Sophia Dorothea.

World famous is the Königsmarck affair, with its political and amorous overtones. It has interested historians and writers (including Schiller) ever since, and much of it centred on Herrenhausen. George Louis's consort, Sophia Dorothea, whom he neglected, sought solace with the colonel of the elector's bodyguard, Philipp Christoph, Count von Königsmarck. The affair was discovered, Königsmarck was probably murdered in Hanover in 1694, and the marriage between George Louis and Sophia Dorothea was dissolved the same year. The two lovers maintained a lively correspondence, part of which has survived. In one of his letters, Königsmarck wrote: 'Oh, why do you remind me of the avenues and cabinets of Herrenhausen, when will I once more savour the delights afforded me by these charmants lieux [delightful places]?' The Königsmarck affair has been of interest particularly in the Anglo-Saxon world over the centuries, because, of course, had the marriage not been dissolved, Sophia Dorothea would have become queen of England.

Festive Herrenhausen

Balls, masquerades, parties, theatre, operatic performances and concerts were staged not only on important occasions. John Frederick had already recruited the Venetian Antonio Sartorio as orches-

für die hannoversche Kur bei katholischen Höfen warb und Leibniz bei dessen historischen Forschungen nach der Herkunft der Welfen manchen Weg ebnete. 1710 wurde ein ganz Großer der Musikgeschichte, Georg Friedrich Händel, kurhannoverscher Kapellmeister und führte Kammermusiken in Herrenhausen auf, reiste aber bald nach England, von wo er 1712 noch einmal für kurze Zeit nach Hannover zurückkehrte.

Kurfürstin Sophie sorgte auch auf weniger spektakuläre Art für Zerstreuung. Aus Hannover konnten Gäste bequem mit einer dreimal am Tag zwischen der Stadt und Herrenhausen verkehrenden Kutsche für zwölf Personen anreisen. Wie so ein Tag in Herrenhausen aussah, schilderte Karl Ludwig von Pöllnitz, der den preußischen König Friedrich Wilhelm aus Kindertagen kannte. Er besuchte viele europäische Höfe und wurde 1713 in Hannover von Kurfürstin Sophie finanziell unterstützt. In seiner zunächst auf Französisch erschienenen *Geheimen Geschichte der Herzogin von Hannovre* behandelte er 1734 die Königsmarck-Affäre. Herrenhausen wird darin als »herrlichstes aller Lustschlösser« bezeichnet, in dem man die vortrefflichsten Gemälde und prachtvolle Möbel finde und das fern sei von dem Geräusch und dem Getümmel des Hofes. Die Kurfürstin, heißt es weiter, »übersahe ihrerseits Nichts, was ihrem kleinen Hofe Vergnügen machen konnte. Sie verschaffte ihm die Ergötzlichkeiten des Spazierengehens, des Fischfangs und besonders einer lebendigen und aufgeweckten Unterhaltung. Zuweilen fand man, wenn man es am wenigsten erwartete, kleine Vespermahle mit Reinlichkeit und Delicatesse zubereitet in den Lustgebüschen. Ein anderes Mal ward man überrascht durch die Töne mehrerer musikalischer Instrumente, die plötzlich sich zu einem angenehmen Concert vereinigten. Prächtige Gondeln, von leichtgekleideten Fährleuten geführt, lagen auf dem großen Kanal, der den Garten begrenzte, zum Gebrauch für Diejenigen bereit, welche etwa Lust hatten, eine Spazierfahrt auf dem Wasser zu machen. Kleine schön angestrichene und vergoldete Wagen, worin vier Personen sitzen konnten und die von zwei Pferden gezogen wurden, standen am Abend für Diejenigen in Bereitschaft, die lieber in dem Park herumfahren wollten. Hernach fand man sich wieder in einem prächtigen Saale zusammen, welcher einen Theil des Orangeriehauses ausmachet, hier traf man eine herrliche Abendtafel bereitet, indem die [Kurfürstin] sämmtlichen Personen beiderlei Geschlechts in ihrem Gefolge erlaubte mit ihr zu Abend zu speisen. Nach der Tafel setzte man sich an die Spieltische, oder man lustwandelte in einer langen Gallerie, die an ein Kabinet stieß, das mit sehr schönen und auserlesenen Schildereien reich ausgestattet war.«

An welchen derartigen Vergnügungen Leibniz Anteil hatte, wissen wir nicht. Vorschläge für die Wasserversorgung Herrenhausens mit Hilfe eines Kanals, die Horst Bredekamp (2012) aus einem zeitgenössischen Skizzen- und Manuskript-Konvolut in der Gottfried Wilhelm Leibniz Bibliothek erstmalig erschlossen hat, enthalten Hinweise auf Gondelfahrten und Illuminationen verschiedener Art. Ganz sicher aber stand Leibniz über Jahrzehnte im Zentrum des geistigen Lebens von Herrenhausen.

Abb. 89 Georg Diekmann, Leibniz im Gespräch mit der Fürstenfamilie, Öl auf Leinwand, 1899, Hannover, Sophienschule (Leihgabe der Landeshauptstadt Hannover) | Fig. 89 Georg Diekmann, Leibniz in Conversation with the Electoral Family, oil on canvas, 1899, Hanover, Sophienschule (on loan from the City of Hanover)

tra leader, and the Frenchmen le Jemmes and le Comte as ballet masters. The first French comedies and torch dances were performed in Herrenhausen in 1674. In the following years, illustrious names from the worlds of theatre and music were engaged.

Duke Ernest Augustus appointed a former member of Molière's troupe of actors, the comedy writer Auguste Pâtissire de Châteauneuf, to be director of the French acting ensemble. Giovanni Battista Farinelli became leader of the orchestra, followed in 1688 by Abbate Agostino Steffani, a composer, theologian, mathematician and philosopher, who also was sent on diplomatic missions to Catholic courts to win support for Hanover's aspirations to the electoral dignity, and he smoothed the path for Leibniz's historical research into the origins of the Welfs. In 1710, one of the greats of music history, George Frideric Handel, became leader of the orchestra, performing chamber music in Herrenhausen, but soon he left for England, from where he paid one brief visit to Hanover in 1712.

Abb. 90 Das barocke Galeriegebäude | Fig. 90 The Baroque Galerie

Electress Sophia also provided for distraction, albeit less spectacularly. Three times a day, guests could travel comfortably from Hanover to Herrenhausen in a carriage for twelve persons. What such a day in Herrenhausen was like was described by Karl Ludwig von Pöllnitz, who had known the Prussian king Frederick William when they were children. He visited many European courts, and in 1713 received financial support from Electress Sophia. In his book *Histoire secrète de la duchesse d'Hanovre, épouse de Georges I* ('The Secret Story of the Duchess of Hanover, wife of George I'), published in French in 1734, he dealt with the Königsmarck affair. Herrenhausen is described as 'the most splendid of all summer palaces', where the most excellent paintings and splendid furniture were to be found, and one was far away from the hustle and bustle of the court'. The electress, he goes on, 'for her part overlooked nothing that could bring pleasure to her little court. She provided it with the delights of strolling around, of fishing, and especially of lively and enlightened conversation. At times one found, when one least expected it, little snacks prepared with cleanliness and finesse in the ornamental shrubbery. Another time, one was surprised by the sounds of a number of musical instruments, which suddenly united into a pleasant concert. Splendid gondolas, propelled by lightly clad gondoliers, lay on the great canal that bordered the garden, ready to be used by those who felt like taking a short trip on the water. Little nicely painted gilt carriages, with seating for four, and drawn by two horses, stood in the evening ready for those who preferred a drive in the park. Afterwards, everyone met once more in a splendid hall that forms part of the Orangery. Here, one found a magnificent table laid, where the electress allowed all persons of both sexes who were present to sup with her. After the meal, one would sit at the card tables, or else promenade in a long gallery, which adjoined a cabinet richly adorned with very fine and select pictures.'

We do not know which of these pleasures Leibniz took part in. Proposals for supplying water to Herrenhausen by means of a canal, which Horst Bredekamp (2012) has for the first time reconstructed from a collection of contemporary sketches and manuscripts in the Gottfried Wilhelm Leibniz Library, contain explicit references to gondola trips and illuminations of various kinds. What is quite certain, though, is that for decades, Leibniz was at the heart of intellectual life in Herrenhausen.

Herrenhausen conversations

The Duchess and Electress Sophia (1630–1714) was for 34 years one of *the* personalities of the court, although she apparently never interfered directly in the politics either of her husband or of her son George Louis. It was to her pedigree as the daughter of the 'Winter King' of Bohemia, the Elector Palatine Frederick V, and his consort, Elizabeth Stuart, whose father was King James I of

Die Herzogin und Kurfürstin Sophie (1630–1714) war 34 Jahre lang eine der prägendsten Persönlichkeiten des Hofes, obwohl sie sich offenbar nie direkt in die Politik ihres Mannes oder ihres Sohnes Georg Ludwig einmischte. Ihrer Herkunft als Tochter des »Winterkönigs« Kurfürst Friedrich V. von der Pfalz und Elisabeth Stuart, deren Vater König Jakob I. von England bzw. Jakob VI. von Schottland war, verdankten ihr Sohn und dessen Nachfolger den britischen Thron. Sophie war eine hochgebildete Frau, und sie war die eigentliche Schöpferin und die Seele von Schloss Herrenhausen, das sie ausbauen ließ, in dessen Galerie sie von Mai bis September wohnte und das ab 1698 ihr dauerhafter Witwensitz wurde. Sie machte die Gärten, in denen sie täglich spazieren ging, zu einem Zentrum des höfisch-kulturellen Lebens – nicht zuletzt durch Leibniz, den sie hier empfing oder dem sie ein Appartement zur Verfügung stellte, wann immer dies nur möglich war. Er war für sie ein unentbehrlicher Gesprächspartner, mit dem sie auch, wenn er oder sie auf Reisen waren, brieflichen Kontakt hielt.

Leibniz' Gespräche mit Sophie und ihrer Tochter wurden nicht aufgezeichnet, sie haben aber einen gewissen Niederschlag in seinen Werken und in seinem Briefwechsel gefunden. Der Philosoph scheint von den verbreiteten Vorurteilen seiner Zeit gegenüber gelehrten Frauen frei gewesen zu sein. So schrieb er an Sophie Charlotte: »In der Tat habe ich schon oft gedacht, dass Damen von geistiger Bildung sich besser eignen als Männer, die Wissenschaften und Künste voranzubringen. Die Männer, ganz von ihren Geschäften eingenommen, denken meist nur an das Notwendige; während Frauen, die ihr Stand über Sorgen und Nöte erhebt, unbefangener und fähiger sind, an das Schöne zu denken. Wenn man sie, statt ihren Geist auf die Toilette zu beschränken, zeitig genug auf die solidere und beständigere Schönheit und Zier lenkte, die sich in den Wundern Gottes und der Natur findet, so wären ihre Wissbegier und ihr Feingefühl nützlicher für das menschliche Geschlecht und würden zum Ruhm Gottes mehr beitragen als alle Pläne von Eroberern, die nur auf Entzweiung und Zerstörung hinauslaufen.«

Der Briefwechsel mit Sophie zeigt, dass neben den Alltagsgegenständen des Hofes vor allem die Politik diskutiert wurde und hier insbesondere die Fragen der englischen Sukzession, bei denen Sophie in Leibniz einen kompetenten und engagierten Berater fand. Somit wurden in Herrenhausen Angelegenheiten von durchaus weltgeschichtlicher Tragweite besprochen.

Ein weiteres wichtiges Thema nur rund 40 Jahre nach dem Ende des verheerenden Dreißigjährigen Krieges war die Reunion der Christenheit bzw. später die Vereinigung der protestantischen Kirchen. Leibniz hatte sich schon früh mit dieser Frage beschäftigt. 1676 war er an einen Hof gekommen, dessen regierender Fürst Herzog Johann Friedrich zum katholischen Glauben konvertiert war, woraus sich ein religionspraktisches Problem ergab. Die Landstände hatten als Reaktion auf

Abb. 91 Andreas Scheits, Kurfürstin Sophie von Hannover, Öl auf Leinwand, 1689, Potsdam, Neues Palais, Stiftung Preußische Schlösser und Gärten Berlin-Brandenburg | Fig. 91 Andreas Scheits, Electress Sophia of Hanover, oil on canvas, 1689, Potsdam, Neues Palais, Stiftung Preussische Schlösser und Gärten Berlin-Brandenburg

England and VI of Scotland, that her son and his heirs owed their succession to the British throne. Sophia was a highly cultured woman, and she was the real creator and soul of Schloss Herrenhausen, which she enlarged, and in whose Orangery she lived from May to September, and which from 1698 became her permanent dower house. She made the gardens, where she would take daily walks, into a centre of cultured courtly life, not least through Leibniz, whom she received here, and for whom she made an apartment available whenever possible. He was for her an indispensable partner in conversation, and when he was travelling, she maintained contact by letter.

Leibniz's conversations with Sophia and her daughter Sophia Charlotte (the electress of Brandenburg) were not recorded, but they are reflected to a certain extent in his works and his correspondence. He seems to have been free of the widespread prejudices of his age towards learned women. Thus he wrote to Sophia Charlotte: 'Indeed I have often thought that women of intellectual education are better suited than men to advancing science and art. Men, totally occupied by their businesses, mostly think only of the necessary; while women, whose position elevates them above everyday worries, are more open and more capable of thinking of things in aesthetic terms. If instead of limiting their intellect to their toilet, one were to direct it early enough to the more solid and permanent forms of beauty and ornament that we find in God's miracles and in nature, then their curiosity and sensitivity would be more useful for the human race and would contribute more to God's glory than all the plans of conquerors that are aimed only at division and destruction.'

The correspondence with Sophia shows that alongside everyday court matters, politics was a major topic of discussion, and here in particular the question of the English succession, where the electress found in Leibniz a competent and committed adviser. In this sense, Herrenhausen was the venue for discussions of literally global importance.

A further important topic, just 40 years or so after the end of the catastrophic Thirty Years' War, was the reuniting of Christendom, or at least of the Protestant churches. Leibniz took an interest in this subject at an early stage. In 1676, he arrived at a court where the ruling prince, Duke John Frederick, had converted to Roman Catholicism, which brought about a practical religious problem. In reaction to the circumstance that the palace chapel had now become a place of Catholic worship, the estates pushed for the building of a new church. As a result, there was constructed opposite the Leineschloss in Hanover (which now houses the Lower Saxony state assembly) the Lutheran 'New Town court and municipal' church of St John, the first Baroque Protestant church building in the territory; it was here that Leibniz was interred.

John Frederick supported the building with funds of his own. Later, this 'street of tolerance' was to see the building of a Reformed church, a Catholic church and a synagogue too. This tolerant

die Tatsache, dass die Schlosskapelle nun zum katholischen Gotteshaus geworden war, auf einen Kirchenneubau gedrängt. So entstand gegenüber dem Leineschloss (heute Niedersächsischer Landtag) die evangelisch-lutherische Neustädter Hof- und Stadtkirche Sankt Johannis, der erste barocke protestantische Kirchenbau im Fürstentum und Leibniz' Begräbnisstätte.

Johann Friedrich unterstützte den Bau mit eigenen Mitteln. Später sollten an dieser »Straße der Toleranz« in der Calenberger Neustadt noch eine evangelisch-reformierte und eine katholische Kirche sowie eine Synagoge errichtet werden. Diese tolerante Atmosphäre entsprach der irenischen, also auf Frieden ausgerichteten Leibniz'schen Geisteshaltung. Viele Jahre bemühte er sich um eine Wiedervereinigung des Protestantismus mit dem Katholizismus. Bei der Bevölkerung Hannovers allerdings galt Leibniz, der nur selten in der Kirche zu sehen war, als ein »Herr von (G)lövenix« (plattdeutsch für »Glaube nichts«).

Sophie übernahm bei Leibniz' Bemühungen um Gespräche über den Religionsfrieden offenbar gern die Rolle der Vermittlerin und Patronin, denn sie hielt dies für eine frauengemäße Aufgabe; auch erhoffte sie sich davon wohl praktischen Nutzen für ihre Nachkommen.

Zu den unmittelbar der Praxis gewidmeten Themen der Gespräche zwischen Leibniz und seiner Fürstin gehörte auch das ungelöste Problem der Großen Fontäne, mit der der Kurfürst gar Versailles übertrumpfen wollte. 1695 und 1696 legte Leibniz, der durch seine Harzer Bergbauunternehmungen Erfahrung in wassertechnischen Fragen gewonnen hatte, Memoranden zur Wasserversorgung Herrenhausens vor, darunter den Plan für die Aushebung eines Kanals. Dieser Kanal wurde zwar, wie Leibniz vorgeschlagen hatte, gebaut, aber nicht zur Versorgung der Großen Fontäne, sondern für Lustbarkeiten, wie auch von Leibniz als Nebeneffekt gewünscht. Erst nach seinem Tod konnte sich 1720 die berühmte Große Fontäne 35 Meter dem Himmel entgegenheben.

Eine weitere gartenpraktische Frage, die zwischen der Fürstin und dem Gelehrten gewiss besprochen wurde, war die 1704 erfolgte Anpflanzung von Maulbeerbäumen zur Seidenraupenzucht. Zehn Jahre später konnten die Blätter der Bäume zur Fütterung der in Herrenhausen gezüchteten Seidenraupen verwendet werden. Die hier gewonnene Seide wurde wahrscheinlich in Hameln und Pattensen verarbeitet. Leibniz selbst besaß vor dem Aegidientor in Hannover einen Garten mit Maulbeerbäumen, war doch die Seidenproduktion eines seiner Lieblingsprojekte, das er auch für die Finanzierung der Preußischen Akademie der Wissenschaften in Berlin vorschlug.

Das Thema Akademien der Wissenschaften lag dem Universalgelehrten besonders am Herzen. Landesfürsten empfahl er eine Akademiegründung in ihrem Einflussbereich. Erfolgreich war er aber nur mit seinem Vorschlag für Berlin – offenbar eine Frucht intensiver Gespräche mit seiner Gönnerin Sophie Charlotte. Sein Gründungsentwurf für die »Sozietät« wurde 1700 von der brandenburgischen Kurfürstin in Herrenhausen unterzeichnet. Die heutige Berlin-Brandenburgische Aka-

atmosphere matched Leibniz's irenic mentality, that is to say, an attitude that sought to reconcile by reason. For many years he sought to reunite Protestants and Catholics. Among the people of Hanover, though, where Leibniz was seldom to be seen in church at all, his name was twisted into 'Herr von Lövenix' (ultimately derived, via the local dialect, from *glaube nichts*, or 'no belief').

In Leibniz's efforts to engage in talks on religious peace, Sophia evidently liked to play the role of mediator and patroness, which she felt to be a task suitable for a woman; she doubtless also hoped it might be of practical use to her descendants.

Among the immediately practical topics of conversation between Leibniz and the electress was the unsolved problem of the 'Great Fountain', with which the elector sought to outdo even Versailles. In 1695 and 1696, Leibniz, who had gained some experience in hydraulics through his mining interests in the Harz mountains, submitted memoranda on supplying water to Herrenhausen, including a plan to dig a canal. This was built as Leibniz had suggested, although not to supply the 'Great Fountain', but rather for other recreations, which he, too, had wanted, albeit as a sideshow. It was only in 1720, after his death, that the famous 'Great Fountain' first projected its jet of water 35 metres into the air.

A further horticultural matter that was doubtless debated between the electress and the scholar was the planting, in 1704, of mulberry trees for the purpose of silkworm breeding. Ten years later the leaves of the trees were then actually used to feed the silkworms bred in Herrenhausen. The silk thus obtained was probably woven in Hamelin and Pattensen. Leibniz himself owned a garden with mulberry trees just outside one of Hanover's city gates, the Aegidientor, for silk production was one of his pet projects, and one that he suggested could help finance the Prussian Academy of Sciences in Berlin.

The topic of academies of sciences was in any case dear to the heart of the polymath. He recommended to local rulers that they should establish one in their territory. His only success in this area was in Berlin – evidently the fruit of intensive conversations with his patroness, Sophia Charlotte. His draft for the foundation of the 'Sozietät' was signed by her, as electress of Brandenburg, in Herrenhausen in 1700. What is today the 'Berlin-Brandenburgische Akademie der Wissenschaften' can thus trace its pedigree as the only institution of this kind directly back to Leibniz, who was also its first president.

The conversations with Sophia Charlotte focused on philosophy. The electress was always concerned to understand Leibniz's mental universe. She questioned him intensively on the great issues of religion. In 1710, Leibniz's *Théodicée* appeared, a major work on the presence of God in a world full of suffering. It summarizes in particular the questions discussed with Sophia Charlotte in Herrenhausen and Berlin. In the preface to the *Théodicée*, Leibniz mentions conversations with 'one of

demie der Wissenschaften kann sich so als einzige Einrichtung dieser Art direkt von Leibniz her-
leiten, der auch ihr erster Präsident war.

Im Mittelpunkt der Gespräche mit Sophie Charlotte stand die Philosophie. Stets war es das An-
liegen der Fürstin, sich die Gedankenwelt Leibniz' zu erschließen. Sie befragte ihn intensiv, um so
das »Warum des Warum« zu ermitteln. 1710 erschien Leibniz' *Theodicee*, ein Hauptwerk über die
Anwesenheit Gottes in einer von Leiden erfüllten Welt. Es fasst die vor allem mit Sophie Charlotte
in Herrenhausen und Berlin erörterten Fragen zusammen. In der Vorrede zur *Theodicee* erwähnt
Leibniz die Unterhaltungen mit »einer der bedeutendsten und vollkommensten Fürstinnen«, die ihn
lebhaft ermahnt habe, seine Gedanken zu veröffentlichen. »Dann kamen mehrere Hindernisse dazwischen, und der Tod der unvergleichlichen Königin war darunter nicht das Geringste« (Übersetzung aus dem Französischen Artur Buchenau).

Es war ein schwerer Schlag für Leibniz, dass die von ihm innig verehrte Sophie Charlotte 1705
36-jährig in Herrenhausen starb. Er schrieb über die Verstorbene: »Sie wollte mich oft in ihrer Nähe
haben; so genoss ich häufig das Gespräch einer Fürstin, deren Geist und Menschlichkeit von keiner
jemals übertroffen wurde ... Die Königin besaß eine unglaubliche Kenntnis auch auf abgelegenen
Gebieten und einen außerordentlichen Wissensdrang, und in unseren Gesprächen trachtete sie danach, diesen immer mehr zu befriedigen, woraus eines Tages ein nicht geringer Nutzen für die
Allgemeinheit erwachsen wäre, wenn sie der Tod nicht dahingerafft hätte.«

Eine der Gesprächsrunden in Herrenhausen ist durch den Briefwechsel zwischen Leibniz und den
Fürstinnen der Nachwelt überliefert worden. Zu Gast in Herrenhausen war 1696 mehrmals der schon
hochbetagte flämische Gelehrte Franciscus Mercurius van Helmont, ein Freund von Leibniz. Im März
schrieb Leibniz: »Wir hatten hier mehrere Tage Besuch von Herrn Helmont. Er und ich begaben uns
jeden Morgen um 9 Uhr in das Gemach der Kurfürstin. Herr Helmont nahm am Schreibtisch Platz, und
ich war Zuhörer.« In sein Tagebuch, das er als nun 50-Jähriger zu führen begann, notierte er im August
desselben Jahres: »Bei der Kurfürstin gewesen. Mit H. Helmont etliche Stunden geredet von seinen
Gedanken, dabei ich nicht wenig Gutes finde, womit ich einig.«

Nach den Vorstellungen van Helmonts, der – im Gegensatz zu Leibniz – die Seelenwanderungs-
lehre vertrat, gehen die Seelen der Menschen nach dem Tod in andere Leiber über. In diesem Zusammenhang wurde darüber diskutiert, ob auch Tiere eine Seele haben – später ein Hauptthema in
Leibniz' *Monadologie* –, denn nach dem französischen Philosophen Descartes, mit dessen Denken
sich Leibniz zeitlebens auseinandersetzte, sind Tiere wie Uhrwerke – Maschinen ohne Gefühle.
Leibniz hielt, sehr zur Freude seiner Briefpartnerinnen, dagegen. In einem Brief vom Oktober 1696
an Kurfürstin Sophie, der für Liselotte von der Pfalz bestimmt war, schrieb er: »Ich bin demnach mit

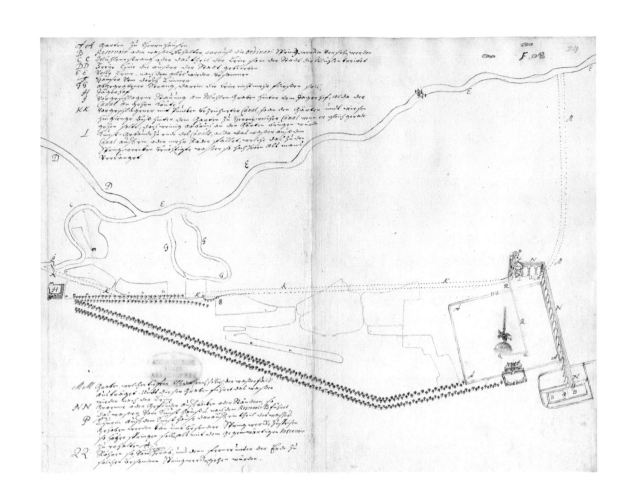

Abb. 92 Plan für die Wasserzufuhr von Herrenhausen, Reinzeich-
nung nach einem Entwurf von Gottfried Wilhelm Leibniz, Bleistift
und braune Feder, um 1696, Hannover, Gottfried Wilhelm Leibniz
Bibliothek | Fig. 92 Plan for the water supply to Herrenhausen, fair
drawing after a design by Gottfried Wilhelm Leibniz, pencil and
brown ink, c.1696, Hanover, Gottfried Wilhelm Leibniz Bibliothek

the greatest and most accomplished of princesses', who had vigorously encouraged him to publish
his thoughts. 'But divers obstacles intervened, and the death of the incomparable Queen was not
the least.' (translation from the French by E.M. Huggard).

It was a heavy blow for Leibniz that Sophia Charlotte, whom he revered, should have died at Herrenhausen in 1705, aged just 36. He wrote of her: 'She often wanted to have me near her; in this way I
frequently enjoyed the conversation of a princess whose mind and humanity was ever exceeded by
anyone [...] The queen had an incredible knowledge even of obscure areas and an extraordinary desire
to learn, and in our conversations she sought to quench this thirst, and from this a no small benefit for
the common good would have grown one day, if death had not snatched her away.'

der allgemeinen Lehre darin einig, dass die Tiere wahrhaftig Seelen und Empfindung haben; ja ich halte mit vielen alten weisen Lehrern dafür, dass alles in der ganzen Natur voll Kraft, Leben und Seelen sei: wie denn auch die Gläser, damit man kleine Dinge betrachtet, unzählbare lebende sonst unsichtbare Geschöpfe zeigen, also dass der Seelen ungleich mehr sein als Sandkörner oder Sonnenstäublein. Allein ich stehe auch daneben in den Gedanken, die schon Plato gehabt, und vor ihm Pythagoras aus den Morgenländern mit sich gebracht, dass keine Seele vergehe, auch nicht die Seele eines Tieres.«

Bildlicher Ausdruck der tiefgründigen Gespräche im Herrenhäuser Garten ist ein Stich von Johann David Schubert aus dem Jahr 1796, auf dem Leibniz und Herzogin Sophie mit zwei Hofdamen sowie Carl August von Alvensleben mit Blättern in der Hand dargestellt sind (Abb. 93). Die Unterschrift lautet: »Leibnitz behauptet, daß nicht zwey Blätter einander völlig ähnlich seyn.« Dieser über ein Jahrhundert nach dem dargestellten Ereignis gefertigte Stich versucht ein Ereignis nachzuvollziehen, an das Leibniz selbst mehrfach erinnert hat: »Ein geistvoller Edelmann unter meinen Freunden glaubte, als er in Gegenwart der Kurfürstin im Garten von Herrenhausen mit mir diskutierte, dass er zwei vollkommen gleichartige Blätter finden könne. Die Kurfürstin sagte ihm, dass er dies tun solle, und lange Zeit lief er vergeblich herum, um solche zu finden.« Kein Blatt gleicht dem anderen – die kleine Szene bestätigte Leibniz' Überlegungen zur immerwährenden Unterscheidbarkeit aller Dinge, da jede Individualität nur ihre eigene Gestalt hervorbringen könne.

Es sind dies grundlegende Gedanken, die in seine 1714 erschienene *Monadologie* Eingang fanden – der Lehre von unzähligen, unkörperlichen Kraftzentren, den Monaden, aus denen das Universum zusammengesetzt ist. Paragraf 9 der *Monadologie* lautet: »Es muss sogar jede Monade von jeder anderen verschieden sein. Denn es gibt in der Natur niemals zwei Wesen, die vollkommen gleich sind und bei denen es nicht möglich ist, einen inneren oder auf einer wesentlichen Bestimmung gegründeten Unterschied auszumachen« (Übersetzung aus dem Französischen von Hartmut Hecht). Die Gedanken von zwei der bedeutendsten Werken der Philosophiegeschichte, Leibniz' *Theodicee* und seine *Monadologie*, waren offenbar in den Herrenhäuser Gartengesprächen sehr präsent.

Ein letztes Mal konnte Leibniz in seinem Todesjahr in Herrenhausen mit einem der ganz Großen der Welt Gespräche führen, mit Zar Peter I., der ihn 1712 zum russischen Geheimen Justizrat ernannt hatte. Leibniz verehrte ihn sehr und unterbreitete ihm in zahlreichen Denkschriften Reformpläne für Russland, von denen einige nach Leibniz' Tod auch realisiert wurden. Im Mai 1716 sprach man auch über eines von Leibniz' Lieblingsthemen, nämlich Russland als Bindeglied zwischen Europa und China.

Dauerhaft waren überregionale Kontakte in jener Zeit freilich nicht durch direkte Gespräche, sondern nur durch Briefverkehr aufrechtzuerhalten. Durch Leibniz' Briefwechsel mit den geistigen und

Leibnitz behauptet, daß nicht zwey Blätter einander völlig ähnlich seyn.

Abb. 93 Johann David Schubert, »Leibnitz behauptet, daß nicht zwey Blätter einander völlig ähnlich seyn.«, Kupferstich von C. Schule, 1796 | Fig. 93 Johann David Schubert, 'Leibnitz asserts that no two leaves can ever be totally alike', copper engraving by C. Schule, 1796

One of the conversations in Herrenhausen has been preserved for posterity in the correspondence between Leibniz and the princesses. Among the guests on several occasions in Herrenhausen in 1696 was the already very elderly Flemish scholar Franciscus Mercurius van Helmont, a friend of Leibniz. In March, the latter wrote: 'Herr Helmont visited for a few days. He and I went to the room of the electress [of Brandenburg] every morning at 9 o'clock. Herr Helmont sat down at the desk, and I listened.' In his diary, which Leibniz now began to keep as a 50-year-old, he noted in August of the same year: 'Visited the electress. Spoke with Herr Helmont for several hours about his ideas, wherein I find not a little that is good, with which I agree.'

According to van Helmont, who, unlike Leibniz, believed in the doctrine of metempsychosis, a person's soul enters another body after death. In this connexion, there was a debate on whether animals also have souls. This was later a major theme in Leibniz's *Monadologie*, for according to the French philosopher René Descartes, whose thinking occupied Leibniz all of his life, animals are like automata, machines without feelings. Much to the pleasure of the princesses, Leibniz held the opposite view. In a letter of October 1696 to Sophia, which was ultimately intended for her relation Elisabeth Charlotte, Duchess of Orleans, he wrote: 'I am at one with the general doctrine that animals truly do have souls and feeling; indeed I agree with many ancient and wise teachers that everything in the whole of nature is full of force, life and souls: as the glasses with which one can observe small things, reveal countless living but otherwise invisible creatures, so that the number of souls is incomparably more than the number of grains of sand or specks of dust. I also share the thought that already Plato had, and before him Pythagoras had brought from the Orient, that no soul dies, not even the soul of an animal.'

A graphic expression of the profound conversations that took place in the Herrenhausen gardens is given by an engraving by Johann David Schubert dating from 1796, on which Leibniz and Duchess Sophia are pictured with two ladies of the court and Carl August von Alvensleben, with leaves in their hands (fig. 93). The caption reads: 'Leibnitz asserts that no two leaves are totally identical.'

This engraving, which dates from more than 100 years after the event it depicts, seeks to reconstruct an occasion that Leibniz himself recalled a number of times: 'An intellectual nobleman among my friends believed, when debating with me in the garden at Herrenhausen in the presence of the electress, that he could find two totally identical leaves. The electress told him to do so, and for a long time he ran around in vain to find any.' No leaf is like any other, and the little vignette confirmed Leibniz's ideas on the eternal distinctness of all things, as each individuality could generate only its own form.

These are the basic ideas that appeared in his *Monadologie*, published in 1714. Monadology is the theory of countless, immaterial centres of force, the monads, which constitute the universe. Paragraph 9 of the *Monadologie* states: 'Indeed, each Monad must be different from every other. For in

politischen Zentren der Welt, den Mächtigen wie den hervorragendsten Gelehrten seiner Zeit wurde Hannover gleichsam der Mittelpunkt eines globalen intellektuellen und diplomatischen Netzwerks.

Der Briefwechsel

Leibniz, der große Kommunikator im mündlichen wie im Briefgespräch, hat angesichts seiner hinterlassenen 400 000 Manuskriptseiten erstaunlich wenig publiziert. Er selbst äußerte, dass, wer ihn nur durch seine veröffentlichten Schriften kenne, ihn gar nicht kenne. Sein Briefwechsel ist zentraler Bestandteil seines Nachlasses – ein Schatz, den die ehemalige Kurfürstliche und Königliche Hofbibliothek, die heutige Gottfried Wilhelm Leibniz Bibliothek – Niedersächsische Landesbibliothek in Hannover hütet. Er umfasst über 15 000 Briefe – eigene Entwürfe wie an ihn gerichtete Post – und dokumentiert einen Austausch mit 1400 Korrespondenten in mehr als 160 Orten Deutschlands, Belgiens, Böhmens, Chinas, Dänemarks, Englands, Frankreichs, Indiens, Italiens, der Niederlande, Österreichs, Polens, Russlands, Schwedens, der Schweiz und Spaniens.

Bereits nach seinem Aufenthalt in Paris wechselte Leibniz Briefe philosophischen Inhalts unter anderen mit Thomas Hobbes, Nicolas Malebranche und Baruch de Spinoza. Mit seinem Dienstantritt in Hannover stieg die Zahl der Briefe von Jahr zu Jahr an; auch wenn er auf Reisen war, schrieb er emsig. Die Thematik der Briefe ist so vielfältig wie Leibniz' universeller Geist, und auch der Mensch des 21. Jahrhunderts, dem Kommunikationsmittel und Informationen im Übermaß zugänglich sind, steht fassungslos vor der Quantität und der Qualität dieses Briefwechsels. Leibniz' Korrespondenten gehörten dem Bürgertum, der Geistlichkeit und dem Adel an, ein Adressat war auch der Kaiser in Wien. Die Mehrheit seiner Briefpartner ist in der Politik zu finden. Die zweitgrößte Gruppe besteht aus Geistlichen aller Konfessionen, darunter zwei bedeutende jesuitische Missionare in China, Claudio Filippo Grimaldi und Joachim Bouvet. Es folgen Ärzte, Juristen, Naturwissenschaftler, Pädagogen, Historiker, Techniker, Uhrmacher, Kupferstecher, Buchdrucker, Philosophen, Philologen, Buchhändler, Bibliothekare und Archivare. Wenige Briefpartner sind Offiziere, Künstler oder Dichter. Einige gehören in Leibniz' persönliches Umfeld wie Schreiber und Studenten.

In den Briefen zur Politik geht es unter anderem um den Pfälzischen und den Türkenkrieg, um die Erlangung der neunten Kurwürde durch Hannover und die Besetzung des englischen Throns. Religionspolitisch handeln viele Briefe von den Bemühungen, die Glaubensspaltung aufzuheben. Mit Ärzten diskutierte Leibniz zum Beispiel die Frage, ob der menschliche Körper ein Mechanismus oder ein Organismus sei. Besonders intensiv war der Kontakt mit den Mathematikern, darunter alle bedeutenden Köpfe der Zeit, etwa die Brüder Bernoulli, Christian Huygens oder Isaac Newton, mit dem er einen unseligen Plagiatsstreit um die »Erfindung« der Infinitesimalrechnung auszufechten hatte – heute

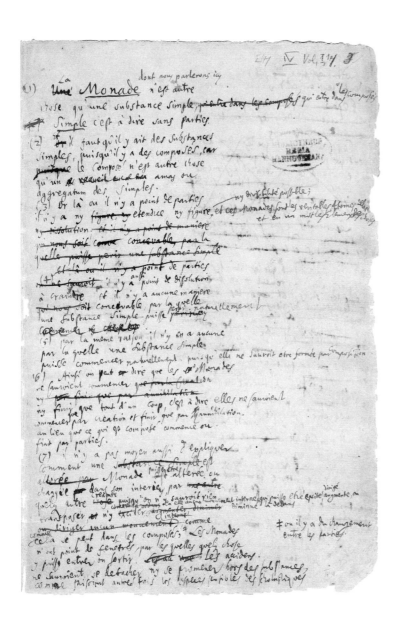

nature there are never two beings which are perfectly alike and in which it is not possible to find an internal difference, or at least a difference founded upon an intrinsic quality.' (Translated from the French by Robert Latta).

The ideas contained in two of the most important works in the history of philosophy, Leibniz's *Théodicée* and his *Monadologie*, were evidently very present in the conversations conducted in the Herrenhausen gardens.

On one final occasion, in the year of his death, Leibniz was able to engage in conversation with one of the really great men in the world, namely Tsar Peter the Great, who in 1712 had appointed him a Russian privy councillor of justice. Leibniz deeply revered him, and in numerous memoranda proposed reform plans for Russia, some of which were implemented after Leibniz's death. In May 1716, they discussed one of Leibniz's pet themes, namely Russia as a link between Europe and China.

At that time, however, supraregional contacts could be maintained in the long term not through personal conversation, but only by letter. As a result of Leibniz's correspondence with the world's intellectual and political centres, with the post powerful leaders as well as the most outstanding scholars of his day, Hanover became the focus of a global intellectual and diplomatic network.

The correspondence

In view of the fact that he left 400,000 manuscripts, Leibniz, the great communicator in conversation and in his letters, published remarkably little. He himself said that anyone who knew him only through his published works did not know him at all. His correspondence forms the core of his literary estate, a treasure guarded by the former 'Royal and Electoral Court Library', now the 'Gottfried Wilhelm Leibniz Library – Lower Saxony State Library' in Hanover. It comprises more than 15,000 letters, his own drafts as well as those addressed to him, and documents an exchange with 1,400 correspondents in more than 160 locations in Germany, the Low Countries, Bohemia, China, Denmark, England, France, India, Italy, Austria, Poland, Russia, Sweden, Switzerland and Spain.

Already after his early visit to Paris, Leibniz was exchanging letters on philosophical subjects with, among others, Thomas Hobbes, Nicolas Malebranche and Baruch de Spinoza. Once he took up his post in Hanover, the quantity of his correspondence rose from year to year; even when he was travelling, he was a busy letter-writer. The topics of the letters are as varied as Leibniz's polymath mind, and even twenty-first-century man, faced as he is with a positive glut of means of communication and information, can only stare in disbelief when faced with the quantity and the quality of this correspondence. Leibniz's correspondents could be found among the bourgeoisie, the clergy and the nobility; one

Abb. 94 Gottfried Wilhelm Leibniz, Konzept der Monadologie, erste Seite, 1714, Hannover, Gottfried Wilhelm Leibniz Bibliothek | Fig. 94 Gottfried Wilhelm Leibniz, *Konzept der Monadologie*, page 1, 1714, Hanover, Gottfried Wilhelm Leibniz Bibliothek

gelten beide Methoden als unabhängig voneinander entwickelt. Leibniz korrespondierte mit zahlreichen Physikern, darunter Daniel Gabriel Fahrenheit und Otto von Guericke, sowie mit den Astronomen Edmond Halley und Ole Christensen Rømer. Spekulativ-philosophische Fragen spielen in zahlreichen Briefen eine Rolle, ganz unabhängig von den Wissenschaftsbereichen des jeweiligen Korrespondenzpartners.

Umfangreich ist auch der Briefwechsel, den Leibniz in praktischen Angelegenheiten führte, etwa wegen seiner Rechenmaschine oder mit Bergbau-Ingenieuren im Harz. Mit zahlreichen Bibliothekaren, Archivaren und Historikern tauschte er sich über genealogische Fragen zum Welfenhaus aus, mit Sprachforschern über die Idee einer verbindlichen Universalsprache und nicht zuletzt mit Buchhändlern über Anschaffungen für die Bibliothek.

Im Jahr 2007 wurde der Briefwechsel in das Weltdokumentenerbe »Memory of the world« der UNESCO aufgenommen. In der Begründung heißt es: »Der Briefwechsel des Universalgelehrten Gottfried Wilhelm Leibniz (1646–1716) stellt ein einzigartiges Zeugnis der europäischen Gelehrtenrepublik im Übergang vom Barock zur frühen Aufklärung dar ... Die Bedeutung der Korrespondenz liegt in ihrem weltumspannenden Themenspektrum. Sie spiegelt das Hineinwachsen Russlands nach Europa in der Zeit Zar Peters I. ebenso wie den Kulturaustausch mit China wider. Der Briefwechsel stellt ein Gründungsdokument der europäischen Moderne dar und markiert einen Wendepunkt in der Entwicklung von Technik und Denken der Zeit. Zugleich steht er für die Suche nach der Verbindung westlicher Wissenschaft mit fernöstlicher Denkweise. Leibniz etablierte ein weltweites Korrespondentennetz, das Hannover zu einem Mittelpunkt der wissenschaftlichen Gemeinschaft machte.«

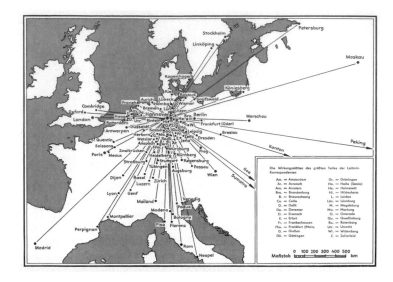

Abb. 95 Wirkungsstätten von Leibniz' Korrespondenzpartnern I
Fig. 95 Workplaces of Leibniz's correspondents

Geist und Gärten

Auch wenn Herrenhausen zu Zeiten der Personalunion zwischen Hannover und Großbritannien weiterhin gepflegt wurde und hier bis Mitte des 18. Jahrhunderts weiter prunkvolle Veranstaltungen stattfanden, der Esprit, von dem die ersten Jahrzehnte geprägt waren, existierte nicht mehr. Geistige Impulse gingen bis in das 20. Jahrhundert nicht mehr von Herrenhausen aus. Seine goldenen Jahre endeten mit dem Tod der Kurfürstin Sophie (1714) und dem von Leibniz (1716). Der Hannoveraner Schriftsteller und Literaturförderer Kurt Morawietz hat diese Zeit mit dem Höhepunkt der deutschen Klassik in Verbindung gebracht: »Die Aussaat Herrenhausen lässt sich mühelos bis hin nach Weimar verfolgen. Von ihr hat ein ganzes Jahrhundert volle Frucht getragen. Herrenhausen steht am Beginn einer Entwicklung, die zu der kulturgeschichtlich glanzvollsten Deutschlands nach Walther von der Vogelweide gehört und ihre Krönung in Goethe und Schiller erfahren hat. Das geistige Antlitz Deutschlands ist ohne den Gesichtszug Herrenhausen nicht denkbar.«

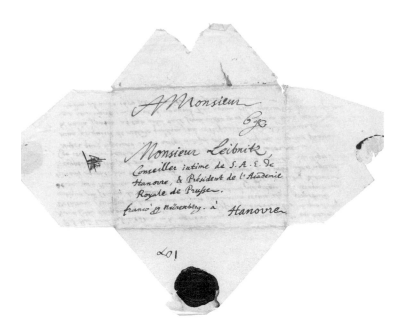

Abb. 96 Brief des Schweizer Mathematikers und Physikers Jacob Bernouilli an Leibniz vom 20. April 1704, Hannover, Gottfried Wilhelm Leibniz Bibliothek | Fig. 96 Letter from the Swiss mathematician and physicist Jacob Bernouilli to Leibniz, dated 20 April 1704, Hanover, Gottfried Wilhelm Leibniz Bibliothek

addressee was the emperor in Vienna. The majority were in some way concerned with politics. The second-largest group consists of clergy of all denominations, including two important Jesuit missionaries in China, Claudio Filippo Grimaldi and Joachim Bouvet. Then come doctors, lawyers, scientists, teachers, historians, technicians, clockmakers, engravers, printers, philosophers, classical scholars, booksellers, librarians and archivists. Few among the correspondents are officers, artists or writers. Some are members of Leibniz's personal circle, such as scribes and students.

The letters on political matters deal among other things with the War of the Palatine Succession and the war with the Turks, the attainment of the ninth electoral dignity by the House of Hanover, and the succession to the English throne. As for religion, many letters deal with efforts to reunify Christendom. With doctors, Leibniz discussed the question, for example, of whether the human body was a mechanism or an organism. Particular intense was the contact with mathematicians, including all the leading intellects of the age, for example the Bernoulli brothers, Christian Huygens and Isaac Newton, with whom he had an undignified 'priority' dispute regarding the 'invention' of the calculus – today, the two methods are regarded as having been independently developed. Leibniz corresponded with numerous physicists, including Daniel Gabriel Fahrenheit and Otto von Guericke, and with the astronomers Edmond Halley and Ole Christensen Rømer. Speculative philosophical questions are raised in numerous letters, irrespective of the specialism of the recipient.

Also extensive are the letters that Leibniz wrote and received on practical matters, for example about his calculating machine or with mining engineers in the Harz mountains. He corresponded with numerous librarians, archivists and historians concerning the genealogy of the Welfs, with linguists on the idea of an obligatory universal language, and not least with booksellers about acquisitions for the library.

In 2007, the correspondence was included in UNESCO's 'Memory of the World' register of heritage documents. The reason was given as follows: 'The correspondence of the polymath Gottfried Wilhelm Leibniz (1646–1716) represents a unique witness to the European Republic of Letters in the transition from the Baroque to the early Enlightenment. [...] The importance of the correspondence lies in the global scope of its subject matter. It reflects how Russia grew towards Europe during the time of Tsar Peter I, and likewise the cultural exchange with China. The correspondence represents a founding document of modern Europe, and marks a turning point in the development of the technology and thought of the age. At the same time, it stands for the search for a connexion between Western science and Far Eastern ways of thinking. Leibniz established a worldwide network of correspondents, which made Hanover one of the centres of the scientific community.'

Abb. 97 Das neue Schloss Herrenhausen, Blick von der Mittelachse des Großen Gartens | Fig. 97 The new Schloss Herrenhausen, view from the central axis of the Great Garden

Nach jahrzehntelanger Vernachlässigung des Leibniz'schen Namens am Hauptort seines Wirkens, wo er nahezu ausschließlich für eine Backware stand, ist seine Bedeutung seit Beginn des 21. Jahrhunderts durch das Engagement von Institutionen und Einzelnen und nicht zuletzt durch den Welterbe-Titel der UNESCO auch einer breiteren Öffentlichkeit wieder stärker in das Bewusstsein gerückt worden. Und mit Recht wird Gottfried Wilhelm Leibniz' Aktualität von unserer Zeit erkannt. Man kann wohl vermuten, dass ihm das elektronische Zeitalter gut gefallen hätte – ihm, der die Vier-Spezies-Rechenmaschine erfand und den Binärcode entwickelte, ihm, dem weltweit vernetzten Kommunikator. Fortschrittlich sind seine Gedanken über den Frieden zwischen den Religionen. Wohl lebenswichtig für die Welt ist sein Kosmopolitismus, der verlangt, auch mit dem ganz Fremden zu sprechen und von ihm zu lernen. Zeitgemäß sind seine Forderungen nach Transdisziplinarität und nach Akademien, die diese gewährleisten, und vieles andere mehr. Mit der Erinnerung an den »letzten Universalgelehrten« – mit Blick auf Leibniz' Kosmopolitismus kommt dieser Bezeichnung eine doppelte Bedeutung zu – geht eine Wiederbesinnung auf die großen Tage von Herrenhausen einher. Die Unternehmungen, die die Geschichte dieses europäischen Gartenmonuments erforschen und verbreiten, die vielfältigen Veranstaltungen vor Ort mit ihrem kulturellen Anspruch, das Wiedererstehen des Schlosses und seine Nutzung vor allem als Forum und Präsentationsort für Wissenschaft, Bildung, Kunst und Geistesgeschichte – all dies lässt hoffnungsfroh in die Zukunft blicken. Wo wären angeregtere Gespräche möglich als dort, wo Natur und Kultur, Schönheit und Geist auf die angenehmste Weise zusammenkommen und genossen werden können? Ästhetik und Kommunikation werden das Signum Herrenhausen prägen. In der Nachfolge von Leibniz werden sich hier Theorie und Praxis verbinden – und all dies wird nicht zuletzt dem *bonum commune*, dem Wohl der Allgemeinheit dienen.

Intellect and gardens

Although Herrenhausen continued to be maintained during the period of personal union between the kings of Great Britain and the electors of Hanover, and magnificent events went on being held here until the middle of the eighteenth century, the spirit that characterized the early decades had died. No further intellectual impulses emanated from Herrenhausen. Its golden age ended with the deaths of Electress Sophia in 1714 and of Leibniz in 1716. The Hanoverian writer and literary patron Kurt Morawietz linked this period with the heyday of German classicism: 'The fruits of Herrenhausen can be pursued without strain as far as Weimar. A whole century benefited. Herrenhausen stands at the beginning of a development which, in the history of German culture, is one of the most splendid since Walther von der Vogelweide and witnessed its crowning glory in Goethe and Schiller. The intellectual face of Germany is inconceivable without the facial features of Herrenhausen.'

After decades of neglect of Leibniz's name at the very centre of his activity, where it was associated almost exclusively with a variety of biscuit, his importance has moved back into the consciousness of a broader public since the start of the twenty-first century as a result of the commitment of institutions and individuals, and not least the inclusion on UNESCO's 'Memory of the World' register. And quite rightly, Gottfried Wilhelm Leibniz's topicality for our own age is also being recognized. It is not hard to imagine that the electronic age would have pleased him – after all, he invented a calculating machine that could perform all four basic arithmetical operations, developed the binary code, and not least, was part of a worldwide web of communication. His ideas about religious ecumenism were progressive, and his cosmopolitanism may well turn out to be vital for the world's future: it demands dialogue with, and learning from, the totally alien. Also in tune with the present age are his demands for interdisciplinarity and for academies that practise it, and much else besides.

The commemoration of the 'last universal scholar' (in view of Leibniz's cosmopolitanism this description takes on a double meaning) goes hand in hand with a reconsideration of the great days of Herrenhausen. The organizations that research and disseminate the story of this European garden heritage site, the numerous on-site events with their high cultural aspirations, the reconstruction of the palace and its utilization primarily as a forum for science, scholarship, art and intellectual history – all this gives us cause to gaze into the future with hope.

Where would more stimulated conversations be possible than where nature and culture, beauty and intellect come together and can be enjoyed in the most pleasant way possible? The hallmark *Herrenhausen* will stand for aesthetics and communication. Following on from Leibniz, theory and practice will be combined here, and all this will, not least, serve the 'bonum commune', the common good.

Bibliografie

Bernd Adam
Die bauliche Entwicklung des Herrenhäuser Schlosses

Bernd Adam, Neue Funde zum barocken Ausbau der Schloßanlage in Hannover-Herrenhausen, in: Niederdeutsche Beiträge zur Kunstgeschichte 40, 2001, S. 59–97

Bernd Adam, Das Herrenhäuser Schloss und die historischen Gartenpavillons, in: Herrenhausen. Die Königlichen Gärten in Hannover, hg. von Marieanne von König, Göttingen 2006, S. 95–100

Udo von Alvensleben, Herrenhausen. Die Sommerresidenz der Welfen, Berlin 1929 (Kunstwissenschaftliche Studien 2)

Udo von Alvensleben und Hans Reuther, Herrenhausen. Die Sommerresidenz der Welfen, Hannover 1966

Friedrich Ebel, Das Schloß- und Gartengebiet Herrenhausen bei Hannover, in: Zeitschrift für Bauwesen 66, 1916, Sp. 10–50, 234–254

Georg Hoeltje, Georg Ludwig Friedrich Laves, Hannover 1964

Die Kunstdenkmale der Stadt Hannover, Teil 2: Denkmäler der eingemeindeten Vorörter, bearb. von Arnold Nöldeke, Hannover 1932 (Die Kunstdenkmäler der Provinz Hannover 19)

Laves und Hannover. Niedersächsische Architektur im neunzehnten Jahrhundert, hg. von Harold Hammer-Schenk und Günther Kokkelink, Hannover 1989

Friedrich Lindau, Hannover. Der höfische Bereich Herrenhausen. Vom Umgang der Stadt mit den Baudenkmalen ihrer feudalen Epoche, München/Berlin 2003

Carl Ernst von Malortie, Aufenthalt König Georg II. in Hannover im Frühjahr 1740. in: Carl Ernst von Malortie, Beiträge zur Geschichte des Braunschweig-Lüneburgischen Hauses und Hofes, Heft 2, Hannover 1860, S. 21–38

Karl-Heinrich Meyer, Königliche Gärten. Dreihundert Jahre Herrenhausen, Hannover 1966

Geoeg Schnath, Herrenhausen in der deutschen Geschichte, in: Niedersachsen 42, 1937, S. 186–195

Georg Schnath, Gartenfreude und Politik in Herrenhausen 1666–1816, in: Hannoversche Geschichtsblätter N. F. 20, H. 4, 1966, S. 253–267

Eduard Schuster, Kunst und Künstler in den Fürstenthümern Calenberg und Lüneburg in der Zeit von 1636–1727, Hannover/Leipzig 1905

Iris Lauterbach
Der Große Garten zu Herrenhausen

Bernd Adam, Die Grotten im Großen Garten von Hannover-Herrenhausen und im Park von Richmond (Surrey), in: Bericht über die 40. Tagung für Ausgrabungswissenschaft und Bauforschung, hg. von der Koldewey-Gesellschaft, Vereinigung für Baugeschichtliche Forschung e. V., Bonn 2000, S. 161–168

Udo von Alvensleben und Hans Reuther, Herrenhausen, die Sommerresidenz der Welfen, Hannover 1966

Thomas Brandstetter, Kräfte messen. Die Maschine von Marly und die Kultur der Technik 1680–1840, Berlin 2008

Horst Bredekamp, Leibniz und die Revolution der Gartenkunst. Herrenhausen, Versailles und die Philosophie der Blätter, Berlin 2012

Ronald Clark, Festraum einer Großstadt. Über Nutzung und Nutzungsansprüche des Großen Gartens zu Herrenhausen, in: Die Gartenkunst 4, 1992, 2, S. 257–266

Denis Papin. Erfinder und Naturforscher in Hessen-Kassel, hg. von Franz Tönsmann und Helmuth Schneider, Kassel 2009

Antoine-Joseph Dezallier d'Argenville, La théorie et la pratique du jardinage, Paris 1709

Antoine-Joseph Dezallier d'Argenville, Die Gärtnerey, so wohl in ihrer Theorie oder Betrachtung, als Praxi oder Übung, Augsburg 1731 (Reprint Leipzig 1986, Nachwort Harri Günther)

Wilhelm Diedenhofen, Die Klever Gärten des Johann Moritz, in: Soweit der Erdkreis reicht. Johann Moritz von Nassau-Siegen 1604–1679 (Ausst.-Kat. Städtisches Museum Haus Koekkoek, Kleve), Kleve 1979, S. 165–188

Gerda Gollwitzer, Ein 300 Jahre alter Park. Erfahrungen bei der Restaurierung des Großen Gartens Hannover Herrenhausen, in: Historische Gärten und Anlagen als Aufgabengebiet der Denkmalpflege, hg. vom Landesdenkmalamt Baden-Württemberg, Tübingen 1978, S. 143–157 (Forschungen und Berichte der Bau- und Kunstdenkmalpflege in Baden-Württemberg 6)

Walter Harris, A description of the King's royal palace and gardens at Loo, London 1699

Dieter Hennebo, Der architektonische Garten, Hamburg 1965 (= Geschichte der deutschen Gartenkunst, hg. von Dieter Hennebo und Alfred Hoffmann, 3 Bde., Hamburg 1962–1965, Bd. 2)

Herrenhausen. Die Königlichen Gärten in Hannover, hg. von Marieanne von König, Göttingen 2006

Die Herrenhäuser Gärten zu Hannover. Zur Feier ihrer Erneuerung am 13. Juni 1937, hg. von der Landeshauptstadt Hannover, Hannover 1937

Hortus ex machina. Der Bergpark Wilhelmshöhe im Dreiklang von Kunst, Natur und Technik, Stuttgart 2010 (Arbeitshefte des Landesamts für Denkmalpflege Hessen 16)

Christiaan Huygens, Traité de la lumière, Leiden 1690

Im Auftrag der Krone. Friedrich Karl von Hardenberg und das Leben in Hannover um 1750, hg. von Wilken von Bothmer und Marcus Köhler, Rostock 2011

L.-A. Barbet, Les grandes eaux de Versailles. Installations mécaniques et étangs artificiels, description des fontaines et de leurs origines, Paris 1907

Iris Lauterbach, »Faire céder l'art à la nature« – Natürlichkeit in der Gartenkunst um 1700, in: Neue Modelle im Alten Europa. Traditionsbruch und Innovation als Herausforderung in der Frühen Neuzeit, hg. von Christoph Kampmann, u. a., Köln/Weimar/Wien 2012, S. 176–193

Leibnizens und Huygens' Briefwechsel mit Papin nebst der Biographie Papin's, hg. von Ernst Gerland, Berlin 1881

Friedrich Lindau, Hannover. Der höfische Bereich Herrenhausen. Vom Umgang der Stadt mit den Baudenkmalen ihrer feudalen Epoche, Vorwort von Wolfgang Schäche, München/Berlin 2003

Optica. Optische Instrumente am Hof der Landgrafen von Hessen-Kassel, hg. von der Museumslandschaft Hessen Kassel, Petersberg 2011

Heike Palm, Die Orangerie des Großen Gartens in Hannover-Herrenhausen, in: Allerley Sorten Orangerie, Potsdam 2001, S. 8–25 (Schriftenreihe des Arbeitskreises Orangerien in Deutschland e. V. 3)

Heike Palm, Neugestaltung des Blumengartens im Grossen Garten in Hannover-Herrenhausen, in: Der Garten – ein Ort des Wandels. Perspektiven für die Denkmalpflege, hg. von Erik A. de Jong, Erika Schmidt und Brigitt Sigel, Zürich 2006, S. 171–182 (Veröffentlichungen des Instituts für Denkmalpflege an der ETH Zürich 26)

Bibliography

Bernd Adam
The Building History of Schloss Herrenhausen

Adam, Bernd, 'Neue Funde zum barocken Ausbau der Schloßanlage in Hannover-Herrenhausen', in: *Niederdeutsche Beiträge zur Kunstgeschichte* 40, 2001, 59–97

Adam, Bernd, 'Das Herrenhäuser Schloss und die historischen Gartenpavillons', in: *Herrenhausen. Die Königlichen Gärten in Hannover*, ed. by Marieanne von König, Göttingen 2006, 95–100

Alvensleben, Udo von, *Herrenhausen. Die Sommerresidenz der Welfen*, Berlin 1929 (Kunstwissenschaftliche Studien 2)

Alvensleben, Udo von and Reuther, Hans, *Herrenhausen. Die Sommerresidenz der Welfen*, Hanover 1966

Ebel, Friedrich, 'Das Schloß- und Gartengebiet Herrenhausen bei Hannover', in: *Zeitschrift für Bauwesen* 66, 1916, col. 10–50, 234–54

Hoeltje, Georg, *Georg Ludwig Friedrich Laves*, Hanover 1964

Die Kunstdenkmale der Stadt Hannover, Teil 2: Denkmäler der eingemeindeten Vororter, ed. by Arnold Nöldeke, Hanover 1932 (*Die Kunstdenkmäler der Provinz Hannover* 19)

Laves und Hannover. Niedersächsische Architektur im neunzehnten Jahrhundert, ed. by Harold Hammer-Schenk and Günther Kokkelink, Hanover 1989

Lindau, Friedrich, *Hannover. Der höfische Bereich Herrenhausen. Vom Umgang der Stadt mit den Baudenkmalen ihrer feudalen Epoche*, Munich/Berlin 2003

Malortie, Carl Ernst von, 'Aufenthalt König Georg II. in Hannover im Frühjahr 1740', in: Carl Ernst von Malortie, *Beiträge zur Geschichte des Braunschweig-Lüneburgischen Hauses und Hofes*, vol. 2, Hanover 1860, 21–38

Meyer, Karl-Heinrich, *Königliche Gärten. Dreihundert Jahre Herrenhausen*, Hanover 1966

Schnath, Georg, 'Herrenhausen in der deutschen Geschichte', in: *Niedersachsen* 42, 1937, 186–95

Schnath, Georg, 'Gartenfreude und Politik in Herrenhausen 1666–1816', in: *Hannoversche Geschichtsblätter* new series 20, vol. 4, 1966, 253–67

Schuster, Eduard, *Kunst und Künstler in den Fürstenthümern Calenberg und Lüneburg in der Zeit von 1636–1727*, Hanover/Leipzig 1905

Iris Lauterbach
The Great Garden of Herrenhausen

Adam, Bernd, 'Die Grotten im Großen Garten von Hannover-Herrenhausen und im Park von Richmond (Surrey)', in: *Bericht über die 40. Tagung für Ausgrabungswissenschaft und Bauforschung*, publ. by the Koldewey-Gesellschaft, Vereinigung für Baugeschichtliche Forschung e.V., Bonn 2000, 161–68

Alvensleben, Udo von, and Reuther, Hans, *Herrenhausen, die Sommerresidenz der Welfen*, Hanover 1966

Barbet, L.-A., *Les grandes eaux de Versailles. Installations mécaniques et étangs artificiels, description des fontaines et de leurs origines*, Paris 1907

Brandstetter, Thomas, *Kräfte messen. Die Maschine von Marly und die Kultur der Technik 1680–1840*, Berlin 2008

Bredekamp, Horst, *Leibniz und die Revolution der Gartenkunst. Herrenhausen, Versailles und die Philosophie der Blätter*, Berlin 2012

Clark, Ronald, 'Festraum einer Großstadt. Über Nutzung und Nutzungsansprüche des Großen Gartens zu Herrenhausen', in: *Die Gartenkunst* 4, 1992, 2, 257–66

Denis Papin. Erfinder und Naturforscher in Hessen-Kassel, ed. by Franz Tönsmann and Helmuth Schneider, Kassel 2009

Dezallier d'Argenville, Antoine-Joseph, *La théorie et la pratique du jardinage*, Paris 1709

Dezallier d'Argenville, Antoine-Joseph, *Die Gärtnerey, so wohl in ihrer Theorie oder Betrachtung, als Praxi oder Übung*, Augsburg 1731 (Reprint Leipzig 1986, epilogue Harri Günther)

Diedenhofen, Wilhelm, 'Die Klever Gärten des Johann Moritz', in: *Soweit der Erdkreis reicht. Johann Moritz von Nassau-Siegen 1604–1679* (exhib. cat. Städtisches Museum Haus Koekkoek, Kleve), Kleve 1979, 165–88

Gollwitzer, Gerda, 'Ein 300 Jahre alter Park. Erfahrungen bei der Restaurierung des Großen Gartens Hannover-Herrenhausen', publ. by the Landesdenkmalamt Baden-Württemberg, Tübingen 1978, 143–57 (*Forschungen und Berichte der Bau- und Kunstdenkmalpflege in Baden-Württemberg* 6)

Harris, Walter, *A description of the King's royal palace and gardens at Loo*, London 1699

Hennebo, Dieter, *Der architektonische Garten*, Hamburg 1965 (= *Geschichte der deutschen Gartenkunst*, ed. by Dieter Hennebo and Alfred Hoffmann, 3 vols., Hamburg 1962–1965, vol. 2)

Herrenhausen. *Die Königlichen Gärten in Hannover*, ed. by Marieanne von König, Göttingen 2006

Die Herrenhäuser Gärten zu Hannover. Zur Feier ihrer Erneuerung am 13. Juni 1937, publ. by the Landeshauptstadt Hannover, Hanover 1937

Hortus ex machina. Der Bergpark Wilhelmshöhe im Dreiklang von Kunst, Natur und Technik, Stuttgart 2010 (Arbeitshefte des Landesamts für Denkmalpflege Hessen 16)

Huygens, Christiaan, *Traité de la lumière*, Leiden 1690

Im Auftrag der Krone. Friedrich Karl von Hardenberg und das Leben in Hannover um 1750, ed. by Wilken von Bothmer und Marcus Köhler, Rostock 2011

Lauterbach, Iris, '"Faire céder l'art à la nature" – Natürlichkeit in der Gartenkunst um 1700', in: *Neue Modelle im Alten Europa. Traditionsbruch und Innovation als Herausforderung in der Frühen Neuzeit*, ed. by Christoph Kampmann, Katharina Krause, Eva Bettina Krems, Anuschka Tischer, Cologne/Weimar/Vienna 2012, 176–93

Leibnizens und Huygens' Briefwechsel mit Papin nebst der Biographie Papin's, ed. by Ernst Gerland, Berlin 1881

Lindau, Friedrich, *Hannover. Der höfische Bereich Herrenhausen. Vom Umgang der Stadt mit den Baudenkmalen ihrer feudalen Epoche*, preface by Wolfgang Schäche, Munich/Berlin 2003

Optica. Optische Instrumente am Hof der Landgrafen von Hessen-Kassel, publ. by the Museumslandschaft Hessen Kassel, Petersberg 2011

Palm, Heike, 'Die Orangerie des Großen Gartens in Hannover-Herrenhausen', in: *Allerley Sorten Orangerie*, Potsdam 2001, 8–25 (Schriftenreihe des Arbeitskreises Orangerien in Deutschland e.V. 3)

Palm, Heike, 'Neugestaltung des Blumengartens im Grossen Garten in Hannover-Herrenhausen', in: *Der Garten – ein Ort des Wandels. Perspektiven für die Denkmalpflege*, ed. by Erik A. de Jong, Erika Schmidt and Brigitt Sigel, Zurich 2006, 171–82 (publications of the Institut für Denkmalpflege an der ETH Zürich 26)

Palm, Heike, and Rettich, Hubert, 'Der Orangeriegärtner Georg Ernst Tatter und seine Söhne. Arbeits- und Lebenswelt einer hannoverschen Hofgärtnerfamilie des 18. Jahrhunderts', in: '"Von der vortrefflichen Orangerie..." und andere

Heike Palm und Hubert Rettich, Der Orangeriegärtner Georg Ernst Tatter und seine Söhne. Arbeits- und Lebenswelt einer hannoverschen Hofgärtnerfamilie des 18. Jahrhunderts, in: »Von der vortrefflichen Orangerie ...« und andere Gartengeschichten. Heinrich Hamann zum 60. Geburtstag gewidmet, hg. vom Arbeitskreis Orangerien in Deutschland e.V., Potsdam 2002, S. 140–175

Heike Palm und Hubert Rettich, Georg Ernst Tatters Exemplar von Volkamers »Nürnbergische Hesperides«, in: Nürnbergische Hesperiden und Orangeriekultur in Franken (Beiträge der 30. Jahrestagung des Arbeitskreises Orangerien in Deutschland e.V., 4.–6. September 2009), Petersberg 2011, S. 46–85

Katharina Peters, Die Hofgärtner in Herrenhausen, Phil. Diss. Hannover 2011

... prächtiger und reizvoller denn jemals ... 70 Jahre Erneuerung des Großen Gartens, hg. von Ronald Clark (Ausst.-Kat. Hannover), Hannover 2007

Hubert Rettich, Der Große Garten zu Hannover-Herrenhausen. Die Sommerresidenz der Welfen im Wandel ihrer Nutzungen, in: Die Gartenkunst 4, 1992, 2, S. 243–256

Hubert Rettich, Pflege und Unterhaltung der Orangerie des Königlichen Großen Gartens in Hannover-Herrenhausen im 18. und 19. Jahrhundert, in: Die Gartenkunst 4, 1992, 2, S. 26–43

Hans Reuther, Pläne des Großen Gartens zu Hannover-Herrenhausen im Nationalmuseum zu Stockholm, in: Niederdeutsche Beiträge zur Kunstgeschichte 15, 1976, S. 127–138

Adelheidis von Rohr, Sophie Kurfürstin von Hannover (1630–1714), Begleitheft zur Ausstellung im Historischen Museum am Hohen Ufer, Hannover 1980

Sophie von Hannover. Mémoires et lettres de voyage, hg. von Dirk van der Cruysse, Mesnil-sur-l'Estrée 1990

Sophie Charlotte und ihr Schloß. Ein Musenhof des Barock in Brandenburg-Preußen (Ausst.-Kat. Schloss Charlottenburg, Berlin), München 1999

Leonhard Christoph Sturm, Durch einen grossen Theil von Teutschland und den Niederlanden biss nach Pariss gemachete Architectonische Reise-Anmerckungen, Augsburg 1719

Petra Widmer, Die Gartenkunst im Leben der Kurfürstin Sophie von Hannover (1630–1714), in: Die Gartenkunst 12, 2000, 2, S. 167–178

Clemens Alexander Wimmer, Nachschöpfung, Rekonstruktion, Pasticcio – Die Rezeption der französischen Neobarockparterres in Deutschland, in: Preußische Gärten in Europa. 300 Jahre Gartengeschichte, hg. von der Stiftung Preußische Schlösser und Gärten Berlin-Brandenburg, Leipzig 2007, S. 272–277

Oliver Herwig
Schloss Herrenhausen
Zerstörung und Wiederaufbauideen 1943 bis 2007

Cord Meckseper, Visionen zum Ort des Herrenhäuser Schlosses, in: Herrenhausen. Die Königlichen Gärten in Hannover, hg. von Marieanne von König, Göttingen 2006, S. 101f.

Christiane Seegers-Glocke, Wiederaufbau des Schlosses in Hannover-Herrenhausen? Eine retrospektive Betrachtung der öffentlich diskutierten Meinungen, in: Rekonstruktion in der Denkmalpflege, 2. Aufl. Bonn 1998, S. 135–144 (Schriftenreihe des deutschen Nationalkomitees für Denkmalschutz 57)

Anne Schmedding
Das wiederaufgebaute Schloss Herrenhausen

Denkmalpflege statt Attrappenkult. Gegen die Rekonstruktion von Baudenkmälern – eine Anthologie, hg. von Adrian von Buttlar u.a., Berlin/Basel 2010

Michael Falser, Zwischen Identität und Authentizität. Zur politischen Geschichte der Denkmalpflege in Deutschland, Dresden 2008

Geschichte der Rekonstruktion – Konstruktion der Geschichte, hg. von Winfried Nerdinger (Ausst.-Kat. Architekturmuseum der TU München), München 2010

Jan Hanselmann, Rekonstruktion in der Denkmalpflege – Texte aus Geschichte und Gegenwart, Stuttgart 2009

Das Kunstwerk Großer Garten. Die Neugestaltung des Schlossgrundstücks zu Herrenhausen, Denkschrift von Stadtbaurat Professor Dr. Rudolf Hillebrecht, Hannover 1964

Die Städte himmeloffen. Reden und Reflexionen über den Wiederaufbau des Untergegangenen und die Wiederkehr des Neuen Bauens 1948/49, hg. von Ulrich Conrads, Stuttgart 2002

Georg Ruppelt
Ein Gartenparadies als Ort gelehrter Kommunikation: Herrenhausen und Leibniz

Annette von Boetticher, Hannover zur Leibnizzeit, in: Thomas Fuchs, Leibniz und seine Bücher. Büchersammlungen der Leibnizzeit in der Gottfried Wilhelm Leibniz Bibliothek, Hameln 2006, S. 14–32 (Gottfried Wilhelm Leibniz Bibliothek, Schriften 2)

Horst Bredekamp, Leibniz und die Revolution der Gartenkunst. Herrenhausen, Versailles und die Philosophie der Blätter, Berlin 2012

Reinhard Finster und Gerd van den Heuvel, Gottfried Wilhelm Leibniz. Mit Selbstzeugnissen und Bilddokumenten, 2. Aufl. Reinbek 2000

Gotthardt Frühsorge, Theater, Feste, Maskeraden, in: Herrenhausen. Die Königlichen Gärten in Hannover, hg. von Marieanne von König, Göttingen 2006, S. 79–94

Nora Gädeke, Dialog mit Nachhaltigkeit. Leibniz im Gespräch mit Fürstinnen, Hannover 2011 (Hefte der Leibniz-Stiftungsprofessur 11)

Georg Gerber, Leibniz und seine Korrespondenz, in: Leibniz. Sein Leben – sein Wirken – seine Welt, hg. von Wilhelm Totok und Carl Haase, Hannover 1966, S. 141–171

Carl Haase, Herrenhausen in der deutschen Geschichte, in: 300 Jahre Herrenhausen. Königliche Gärten zu Hannover (Festakt am 19. Juni 1966), Hannover 1966, o. S. [5–20]

Karin Hartbecke, »Heliosophopolis«. Leibniz' Briefgespräche mit Frauen, Hameln 2007 (Lesesaal. Kleine Spezialitäten aus der Gottfried Wilhelm Leibniz Bibliothek 25)

Eike Christian Hirsch, Der berühmte Herr Leibniz. Eine Biographie, 2. Aufl. München 2007

Kurt Morawietz, Gottfried Wilhelm Leibniz. Herrenhausen – Weimar, Hannover 1962

Heike Palm, Die Geschichte des Großen Gartens, in: Herrenhausen. Die Königlichen Gärten in Hannover, hg. von Marieanne von König, Göttingen 2006, S. 17–35

Heike Palm und Hubert Rettich, Die Geschichte des Berggartens. Von den Anfängen bis zum botanischen Schaugarten der Gegenwart, in: Herrenhausen. Die Königlichen Gärten in Hannover, hg. von Marieanne von König, Göttingen 2006, S. 165–194

Günter Scheel, Hannovers politisches, gesellschaftliches und geistiges Leben zur Leibnizzeit, in: Leibniz. Sein Leben – sein Wirken – seine Welt, hg. von Wilhelm Totok und Carl Haase, Hannover 1966, S. 83–115

Georg Schnath, Aus der Geschichte Herrenhausens, in: Die Herrenhäuser Gärten zu Hannover. Zur Feier ihrer Erneuerung am 13. Juni 1937, Hannover 1937, S. 20–37

UNESCO-Weltdokumentenerbe: Der Briefwechsel von Gottfried Wilhelm Leibniz (Aufnahme des Briefwechsels von Gottfried Wilhelm Leibniz in das Register des UNESCO-Weltdokumentenerbes Memory of the world. Dokumentation der Festveranstaltung vom 1. Juli 2008), hg. von Georg Ruppelt, Hannover 2009

Gerda Utermöhlen, Leibniz im Briefwechsel mit Frauen, in: Niedersächsisches Jahrbuch für Landesgeschichte 52, 1980, S. 219–244

Gartengeschichten. Heinrich Hamann zum 60. Geburtstag gewidmet', publ. by the Arbeitskreis Orangerien in Deutschland e. V., Potsdam 2002, 140-75

Palm, Heike, and Rettich, Hubert, 'Georg Ernst Tatters Exemplar von Volkamers "Nürnbergische Hesperides"', in: *Nürnbergische Hesperiden und Orangeriekultur in Franken* (Beiträge der 30. Jahrestagung des Arbeitskreises Orangerien in Deutschland e.V., 4-6 September 2009), Petersberg 2011, 46-85

Peters, Katharina, Die Hofgärtner in Herrenhausen, diss. Hanover 2011

... prächtiger und reizvoller denn jemals ... 70 Jahre Erneuerung des Großen Gartens (exhib. cat. Hanover), ed. by Ronald Clark, Hanover 2007

Rettich, Hubert, 'Der Große Garten zu Hannover-Herrenhausen. Die Sommerresidenz der Welfen im Wandel ihrer Nutzungen', in: *Die Gartenkunst* 4, 1992, 2, 243-56

Rettich, Hubert, 'Pflege und Unterhaltung der Orangerie des Königlichen Großen Gartens in Hannover-Herrenhausen im 18. und 19. Jahrhundert', in: *Die Gartenkunst* 4, 1992, 2, 26-43

Hans Reuther, 'Pläne des Großen Gartens zu Hannover-Herrenhausen im Nationalmuseum zu Stockholm', in: *Niederdeutsche Beiträge zur Kunstgeschichte* 15, 1976, 127-38

Rohr, Adelheidis von, *Sophie Kurfürstin von Hannover (1630-1714)*, guide to exhibition at the Historisches Museum am Hohen Ufer, Hanover 1980

Sophie Charlotte und ihr Schloß. Ein Musenhof des Barock in Brandenburg-Preußen (exhib. cat. Schloss Charlottenburg, Berlin), Munich 1999

Sophie von Hannover. Mémoires et lettres de voyage, ed. by Dirk van der Cruysse, Mesnil-sur-l'Estrée 1990

Sturm, Leonhard Christoph, *Durch einen grossen Theil von Teutschland und den Niederlanden biss nach Pariss gemachete Architectonische Reise-Anmerckungen*, Augsburg 1719

Widmer, Petra, 'Die Gartenkunst im Leben der Kurfürstin Sophie von Hannover (1630-1714)', in: *Die Gartenkunst* 12, 2000, 2, 167-78

Wimmer, Clemens Alexander, 'Nachschöpfung, Rekonstruktion, Pasticcio - Die Rezeption des französischen Neobarockparterres in Deutschland', in: *Preußische Gärten in Europa. 300 Jahre Gartengeschichte*, publ. by the Stiftung Preußische Schlösser und Gärten Berlin-Brandenburg, Leipzig 2007, 272-77

Oliver Herwig
Schloss Herrenhausen
Destruction and Ideas for Restoration 1943-2007

Meckseper, Cord, 'Visionen zum Ort des Herrenhäuser Schlosses', in: *Herrenhausen. Die Königlichen Gärten in Hannover*, ed. by Marieanne von König, Göttingen 2006, pp. 101f.

Seegers-Glocke, Christiane, 'Wiederaufbau des Schlosses in Hannover-Herrenhausen? Eine retrospektive Betrachtung der öffentlich diskutierten Meinungen', in: *Rekonstruktion in der Denkmalpflege*, 2nd ed. Bonn 1998, 135-44 (Schriftenreihe des deutschen Nationalkomitees für Denkmalschutz 57)

Anne Schmedding
The Reconstructed Schloss Herrenhausen

Denkmalpflege statt Attrappenkult. Gegen die Rekonstruktion von Baudenkmälern - eine Anthologie, ed. by Adrian von Buttlar et al., Berlin/Basel 2010

Falser, Michael, *Zwischen Identität und Authentizität. Zur politischen Geschichte der Denkmalpflege in Deutschland*, Dresden 2008

Geschichte der Rekonstruktion -Konstruktion der Geschichte, ed. by Winfried Nerdinger (exhib. cat. Architekturmuseum der TU München), Munich 2010

Hanselmann, Jan, *Rekonstruktion in der Denkmalpflege - Texte aus Geschichte und Gegenwart*, Stuttgart 2009

'Das Kunstwerk Großer Garten. Die Neugestaltung des Schlossgrundstücks zu Herrenhausen', memorandum by City Building Officer Professor Rudolf Hillebrecht, Hanover 1964

Die Städte himmeloffen. Reden und Reflexionen über den Wiederaufbau des Untergegangenen und die Wiederkehr des Neuen Bauens 1948/49, ed. by Ulrich Conrads, Stuttgart 2002

Georg Ruppelt
A Garden Paradise as a Place of Learned Communication: Herrenhausen and Leibniz

Boetticher, Annette von, 'Hannover zur Leibnizzeit', in: Thomas Fuchs, *Leibniz und seine Bücher. Büchersammlungen der Leibnizzeit in der Gottfried Wilhelm Leibniz Bibliothek*, Hamelin 2006, 14-32 (Gottfried Wilhelm Leibniz Bibliothek, Schriften 2)

Bredekamp, Horst, *Leibniz und die Revolution der Gartenkunst. Herrenhausen, Versailles und die Philosophie der Blätter*, Berlin 2012

Finster, Reinhard, and Heuvel, Gerd van den, *Gottfried Wilhelm Leibniz. Mit Selbstzeugnissen und Bilddokumenten*, 2nd ed. Reinbek 2000

Frühsorge, Gotthardt, 'Theater, Feste, Maskeraden', in: *Herrenhausen. Die Königlichen Gärten in Hannover*, ed. by Marieanne von König, Göttingen 2006,. 79-94

Gädeke, Nora, *Dialog mit Nachhaltigkeit. Leibniz im Gespräch mit Fürstinnen*, Hanover 2011 (Hefte der Leibniz-Stiftungsprofessur 11)

Gerber, Georg, 'Leibniz und seine Korrespondenz', in: *Leibniz. Sein Leben - sein Wirken - seine Welt*, ed. by Wilhelm Totok and Carl Haase, Hanover 1966, 141-71

Haase, Carl, 'Herrenhausen in der deutschen Geschichte', in: *300 Jahre Herrenhausen. Königliche Gärten zu Hannover* (ceremony on 19 June 1966), Hanover 1966, unpag. [5-20]

Hartbecke, Karin, 'Heliosophopolis'. Leibniz' Briefgespräche mit Frauen, Hamelin 2007 (Lesesaal. Kleine Spezialitäten aus der Gottfried Wilhelm Leibniz Bibliothek 25)

Hirsch, Eike Christian, *Der berühmte Herr Leibniz. Eine Biographie*, 2nd ed. Munich 2007

Morawietz, Kurt, *Gottfried Wilhelm Leibniz. Herrenhausen*, Weimar, Hanover 1962

Palm, Heike, 'Die Geschichte des Großen Gartens', in: *Herrenhausen. Die Königlichen Gärten in Hannover*, ed. by Marieanne von König, Göttingen 2006, 17-35

Palm, Heike, and Rettich, Hubert, 'Die Geschichte des Berggartens. Von den Anfängen bis zum botanischen Schaugarten der Gegenwart', in: *Herrenhausen. Die Königlichen Gärten in Hannover*, ed. by Marieanne von König, Göttingen 2006, 165-94

Scheel, Günter, 'Hannovers politisches, gesellschaftliches und geistiges Leben zur Leibnizzeit', in: *Leibniz. Sein Leben - sein Wirken - seine Welt*, ed. by Wilhelm Totok and Carl Haase, Hanover 1966, 83-115

Schnath, Georg, 'Aus der Geschichte Herrenhausens', in: *Die Herrenhäuser Gärten zu Hannover. Zur Feier ihrer Erneuerung am 13. Juni 1937*, Hanover 1937, 20-37

UNESCO-Weltdokumentenerbe: Der Briefwechsel von Gottfried Wilhelm Leibniz (inclusion of Gottfried Wilhelm Leibniz's correspondence in the list of UNESCO World Document Heritage 'Memory of the World'. Documentation of the ceremony on 1 July 2008), ed. by Georg Ruppelt, Hanover 2009

Utermöhlen, Gerda, 'Leibniz im Briefwechsel mit Frauen', in: *Niedersächsisches Jahrbuch für Landesgeschichte* 52, 1980, 219-44

Impressum | Imprint

Diese Publikation entstand mit Unterstützung der
VolkswagenStiftung, Hannover
This publication was supported by the VolkswagenStiftung, Hanover

Leitung Kommunikation | Head of communications
Jens Rehländer
Koordination und Redaktion | Coordination and editing
Beate Reinhold

© 2013 Hirmer Verlag GmbH, München, und die Autoren |
and the authors

Projektmanagement | Project coordination
Jutta Allekotte
Lektorat | Copy-editing
Jutta Allekotte, Hirmer Verlag; Barbara Delius, Berlin
Übersetzung | Translation
Michael Scuffil, Leverkusen
Lektorat Englisch | English copy-editing
Danko Szabó, München
**Fotografien zum neuen Schloss Herrenhausen | Photographs of
the new Schloss Herrenhausen**
Eberhard Franke, München (www.eberhardfranke.de)
**Gestaltung, Satz und Herstellung | Graphic design, typesetting
and production**
Sophie Friederich
Schrift | Set in
Corporate A, ITC Avant Garde Gothic
Papier | Paper
LuxoArt Samt New, 150 g/m²
Lithografie | Prepress and repro
Reproline Mediateam, München
Druck und Bindung | Printed and bound by
Passavia Druckservice, Passau

Printed in Germany

Bibliografische Information der Deutschen Nationalbibliothek
Die Deutsche Nationalbibliothek verzeichnet diese Publikation in
der Deutschen Nationalbibliografie; detaillierte bibliografische
Angaben sind im Internet über http://dnb.dnb.de abrufbar.

Bibliographic information published by the Deutsche Nationalbibliothek: The Deutsche Nationalbibliothek lists this publication in
the Deutsche Nationalbibliografie; detailed bibliographic data is
available on the Internet at http://dnb.dnb.de.

ISBN 978-3-7774-5371-2

www.hirmerverlag.de
www.hirmerpublishers.com

Bildnachweis | Picture Credits

© ASP Architekten Meyer Schneider Partner, Hannover:
Abb. | Figs. 36, 37
© Nik Barlo jr., Grebenstein: Abb. | Figs. 61; Frontispiz | Frontispiece
© Bayerische Staatsbibliothek, München: Abb. | Figs. 67, 69, 79
© Bayerische Verwaltung der Staatlichen Schlösser, Gärten und
Seen: Abb. | Fig. 72
© The British Library Board (Maps.KTop.100.59n): Abb. | Fig. 5
© Büro für Bauforschung Dr.-Ing. Bernd Adam, Garbsen:
Abb. | Figs. 3, 59, 60
© Coptograph, Hannover: Abb. | Fig. 21
© S. K. H. Ernst August Prinz von Hannover
Herzog zu Braunschweig und Lüneburg: Abb. | Figs. 58, 74
© Gottfried Wilhelm Leibniz Bibliothek – Niedersächsische
Landesbibliothek, Hannover:
Abb. | Figs. 1, 2, 6, 7, 85, 87, 88, 92–96
© Historisches Museum Hannover: Abb. | Figs. 20, 23, 64, 71, 73, 89
© JK Jastrzembski Kotulla Architekten, Hamburg:
Abb. | Figs. 38, 43, 46, 53
© Peter Kulka Architektur, Dresden/Köln: Abb. | Fig. 35
© Kurpfälzisches Museum, Heidelberg: Abb. | Fig. 65
© Landeshauptstadt Hanover: Abb. | Fig. 89
© Hassan Mahramzadeh, Hannover: Abb. | Fig. 82
© Niedersächsisches Landesamt für Denkmalpflege:
Abb. | Figs. 17, 19, 27
© Niedersächsisches Landesarchiv – Hauptstaatsarchiv Hannover:
Abb. | Figs. 8 (NLA. HStAH. 13 c Herrenhausen 1 pg), 62 (NLA.
HStAH. 12 c Herrenhausen 16 pg), 63 (NLA. HStAH. 12 c
Herrenhausen 4 pg)
© Rosi Radecke, Hannover: Abb. | Figs. 70, 76, 83
© Frank Rückert, Hannover: Abb. | Fig. 74
© Stadtarchiv Fürth: Abb. | Fig. 66
© Stadtarchiv Hannover: Abb. | Figs. 4, 9, 11, 24–26, 57
© Stiftung Preußische Schlösser und Gärten Berlin-Brandenburg,
Potsdam (Foto Daniel Lindner): Abb. | Fig. 91
© VolkswagenStiftung, Hannover (Fotos | Photographs by Eberhard
Franke, München): Abb. | Figs. 10, 12–16, 18, 28–34, 39–42, 44,
55, 47–52, 54–56, 81, 84, 86, 90, 170; Abb. S. | Figs. pp. 6/7,
44/45, 58/59, 100/101, 144/145; Cover vorne | Front cover, Cover
hinten | Back cover
© Zentralinstitut für Kunstgeschichte, München: Abb. | Fig. 68

**Abbildungen aus Publikationen | Illustrations from other
publications:**

Matthias Diesel, Erlustierende Augenweide. Die schönsten Gärten
und Lustgebäude um München, Salzburg, Passau, Regensburg und
Paris, Augsburg 1717–1723 (Reprint Leipzig 1989): Abb. | Fig. 80

Karl H. Meyer, Königliche Gärten. Dreihundert Jahre Herrenhausen,
Hannover 1966: Abb. | Figs. 77, 78

Trotz sorgfältiger Recherche war es nicht in allen Fällen möglich, die
Rechteinhaber zu ermitteln. Berechtigte Ansprüche werden
selbstverständlich im Rahmen der üblichen Vereinbarungen
abgegolten. | Despite detailed research, it has not always been
possible to trace the copyright holder. Justified claims will, of
course, be settled in accordance with the customary agreements.